W0327974

JACQUES SALOMÉ

Psychosociologue, Jacques Salomé fut longtemps formateur en relations humaines et se bat toujours pour que l'on enseigne la communication à l'école comme une matière à part entière. Pour lui : « C'est le seul antidote non violent à la violence. » Il a publié de nombreux ouvrages, parmi lesquels *Le courage d'être soi* ; *Passeur de vies* ; *Une vie à se dire* ; *Heureux qui communique* ; *Dis, papa, l'amour c'est quoi ?* et *T'es toi quand tu parles*, pour la plupart consacrés à la communication, notamment au sein du couple et de la famille. Son approche concrète et pragmatique, servie par une expression simple et imagée, lui a valu la faveur d'un très large public, qui a porté son intérêt tant à ses livres qu'à ses conférences. Depuis 1981, il se consacre également à son œuvre romanesque et poétique. Père de cinq enfants, Jacques Salomé vit en Provence.

Retrouvez toute l'actualité de Jacques Salomé sur : www.j-salome.com

Jamais seuls ensemble

DU MÊME AUTEUR
CHEZ POCKET

T'ES TOI QUAND TU PARLES
HEUREUX QUI COMMUNIQUE
UNE VIE À SE DIRE
LE COURAGE D'ÊTRE SOI
DIS, PAPA, L'AMOUR C'EST QUOI ?
PASSEUR DE VIES
ET SI NOUS INVENTIONS NOTRE VIE ?
AIMER ET SE LE DIRE (À PARAÎTRE)

OUVRAGE EN COLLABORATION :

L'AMOUR ET SES CHEMINS
AVEC CATHERINE ENJOLET

Jacques Salomé

Jamais seuls ensemble

Comment vivre à deux en restant différents

LES ÉDITIONS DE L'HOMME

Le papier de cet ouvrage est composé de fibres naturelles, renouvelables, recyclables et fabriquées à partir de bois provenant de forêts plantées et cultivées durablement pour la fabrication du papier.

ISBN : 978-2-266-18499-1

Qu'est-ce que nous demandons le plus : d'être aimés ? Non, d'être choisis !
Nous demandons à l'autre de faire la preuve qu'il sera au service de notre blessure la plus profonde.

Ce sont les petits bonheurs fragiles du quotidien qui ont le plus besoin d'être accueillis… pour s'amplifier plus loin, dans la vie de chacun.

Dans une relation amoureuse, il faut être vraiment prêt à tout… un bonheur est si vite arrivé !

Nous savions qu'aborder les problèmes conjugaux du couple serait une tâche délicate, un peu comme de la microchirurgie.

AUGUSTE NAPIER ET CARL WHITAKER

Introduction

Le propos essentiel de la présente réflexion portera non seulement sur les difficultés à vivre une relation de couple dans la durée, mais suscitera également des interpellations, ouvrira à des propositions et même à des invitations pour affronter et dépasser les obstacles et les pièges inévitables qui jonchent les chemins d'une vie à deux.

Pour donner à chacun, s'il en a le désir réel, des outils pratiques, concrets, actifs et accessibles pour construire une relation de couple vivante, créatrice, ouverte sur les possibles d'une croissance et d'un partage mutuels.

Vivre à deux en restant différents est une co-création permanente. Cela suppose chez l'un et l'autre des protagonistes d'accepter de s'en donner les moyens au-delà des intentions, des désirs et des attentes idéalisées…

Ce ne sont pas les sentiments, aussi profonds et réels qu'ils puissent être, ni l'amour, aussi vivant soit-il, qui maintiennent deux êtres ensemble dans un couple au fil du temps.

Ce n'est pas non plus la seule intensité de la passion ou le seul velouté de l'affection qui permettent à deux êtres de s'épanouir et de croître ensemble dans la durée, face aux aléas quotidiens d'une vie commune. Au-delà de la rencontre et plus loin que l'amour, c'est la qualité de la relation qu'ils seront capables ou non de se proposer l'un à l'autre, qui donnera la liberté à ces deux êtres de former un couple durable fondé sur la consistance et la continuité de leur lien...

Si aujourd'hui deux couples sur quatre se brisent dans la souffrance, la détresse ou la violence, se séparent dans le désarroi ou se déjoignent par lassitude ou incompréhension, c'est souvent parce qu'ils n'ont pas su créer et vivre une relation de partage, d'échange ou d'amplification mutuelle autorisant chacun (dans le sens de se rendre auteur) à continuer d'exister à part entière.

D'autre part, outre les différentes modalités matérielles et officielles de la vie en couple, que ce soit sous forme d'une relation continue ou discontinue ou sous forme de temps de rencontres, que dire encore de ces variantes officieuses et banales de la conjugalité et du compagnonnage ?

Que dire des multiples façons *de ne plus vivre ensemble* tout en cohabitant sous ce même toit ?

Que dire des couples qui ont peur de se quitter !

De ceux qui se sentent si proches au-delà des distances !

Que dire des subtiles manières de **vivre ensemble** – encore – en étant séparés ? Ou des relations de couple qui se prolongent au-delà du divorce par conflits interposés à propos des enfants, des meubles... ou d'un immeuble ?

Il y a aussi les partenaires qui vont découvrir avec émotion et tendresse qu'ils ne se sont jamais aussi bien entendus qu'après une séparation.

Enfin, il y a tous ceux qui confondent l'intensité des sentiments avec la violence de la passion… et qui maltraitent gaillardement, avec une sincérité sans défaut, les possibilités d'une relation qui pourrait être merveilleuse si…

Vivre à deux en restant différents est un thème que j'ai déjà développé dans plusieurs articles et quelques ouvrages, en particulier dans *Parle-moi... j'ai des choses à te dire* et dans *Aimer et se le dire*, parus aux Éditions de l'Homme et que j'ai écrits en collaboration avec Sylvie Galland, ma collègue de toujours.

S'interroger aussi.
Pour toi, pour moi, l'amour est-il associé à la souffrance, à l'abandon, à la détresse… et donc à la captation, à la possessivité, à la peur de perdre… ?

L'amour est-il pour toi, pour moi au contraire un terreau ou un rivage pour un mieux-être et un bien-être, sera-t-il un ferment à la joyeuseté, à l'amplification des possibles, deviendra-t-il un écrin au plaisir… ?
Mon amour et le tien peuvent-ils s'enrichir sur l'interdépendance, s'appuyer sur la confrontation et rayonner à partir d'un partage créatif… dans une relation éveillée, au plus proche des attentes et des apports de chacun ?

Mon propos actuel s'articulera autour de quatre points principaux :

I – Passer de la rencontre à la relation.

II – Construire et vivre une relation.

III – Quelles sont les forces de cohésion et les forces d'éclatement ou de séparation à l'œuvre dans toute relation de couple ? Comment interagissent-elles, sachant que tout couple est bien un organisme vivant, constitué de bien plus que l'addition de désirs et de sentiments ou que l'intention de vivre avec une compagne ou un compagnon ou même le projet de fonder une famille ?

IV – Comment vivre une relation d'intimité commune et partagée en la conciliant avec une intimité personnelle... qui ne sera pas toujours partagée ?

Je postule que c'est la création possible de cette double intimité qui fondera les bases les plus solides d'une vie de couple unifiée et harmonieuse.

J'alternerai commentaires techniques et réflexions personnelles avec l'apport de quelques citations et textes poétiques pour illustrer les chemins proposés.

> Je te reconnaîtrai
> Aux algues de la mer
> Au sel de tes cheveux
> Aux herbes de tes mains.
> Je te reconnaîtrai
> Au profond des paupières
> Je fermerai les yeux
> Tu me prendras la main.
>
> CLAUDE ROY

Chapitre premier

Passer de la rencontre à la relation

Je crois que chacun de nous est habité par une aspiration profonde, vivace, quasi constante et sans doute indestructible à un état de complétude originelle. Celle de tenter de trouver, de s'approcher et de se lier avec un double ou de retrouver la part manquante dont nous gardons tous la trace nostalgique au profond de nous.

Il y a en chacun une place ou un espace privilégié pour l'être attendu, espéré, rêvé qui saurait nous comprendre, nous aimer inconditionnellement et peut-être même nous prendre en charge. Il y a, chez la plupart d'entre nous, un besoin vital de se relier à un partenaire qui sache recevoir notre amour, notre attention et notre présence proche. Un partenaire qui puisse être le réceptacle de notre désir d'aimer et d'être aimé.

Cette recherche, suivant l'histoire ou la dynamique personnelle de chacun, sera plutôt active ou plutôt passive.

La recherche d'un autre est *active* quand elle passe principalement par des processus et des stratégies de l'ordre de la séduction. Par le recours à des attitudes, à des comportements et à des investissements orientés sur l'autre. Elle est mobilisatrice, inventive et suscite toute une mise en actes avec des scénarios basés presque exclusivement sur faire pour l'autre ou même faire à la place de l'autre.

Aussi généreuses et dévouées que puissent paraître, de prime abord, les attentions dérivées de cette forme de recherche, elles sont bien souvent captatives et visent à créer une relation d'emprise sur l'autre.

Les phrases-clés qui témoignent de cette dynamique relationnelle sont du type :

« Tu peux compter sur moi. »
« Ne fais rien sans moi. »
« Je ferai tout pour toi. »
« Je ne te quitterai jamais… »

La recherche d'un autre est *passive* quand elle est surtout constituée d'expectatives, d'attentes, voire d'exigences implicites. La forme clinique majeure de cette manière d'être correspond au syndrome bien connu de « La Belle au bois dormant ».

Il atteint aussi bien les hommes que les femmes, c'est-à-dire tous les candides qui passent leurs rêves à cultiver le secret et magique espoir de l'arrivée du Prince charmant ou de la délicieuse Princesse susceptible de l'éveiller, de le combler.

Chacun attendant de l'autre qu'il réponde à ses besoins et à ses désirs, tout en étant capable de réparer les blessures et de satisfaire à tous les manques, à toutes les failles, et même de colmater les vides du passé.

Les phrases-clés de cette dynamique seront :

« Je compte sur toi. »
« J'ai besoin de toi. »
« Je ne peux vivre sans toi. »
« Sans toi je ne serais rien… »

Un couple, c'est aussi un réseau complexe de tâtonnements, de confrontations, organisé autour d'attentes-dettes, de dons-créances, de missions, d'obligations et de privations. Avec bien sûr la possibilité d'être heureux et comblé sur quelques-uns des canaux de ce réseau. Avec l'espérance inouïe que l'autre… entrera dans les signaux reçus et les amplifiera.

Cette aspiration et cette recherche conscientes ou inconscientes d'une complétude habitent notre espérance, nous dynamisent et stimulent des élans fabuleux vers un double, en direction d'un être complémentaire, que ce soit dans la semblance (positionnement symétrique) ou dans la différence (positionnement asymétrique).

Elles suscitent d'innombrables tentatives pour trouver non seulement l'âme sœur mais l'élu, l'homme ou la femme de notre vie « Celui-là et pas un autre », « Celle-là entre toutes les autres », « J'étais persuadée qu'il était fait pour moi, c'était bien lui et aucun autre ! »

Cette mythologie, qui nous fait espérer et rechercher l'homme ou la femme de notre vie, est souvent liée à la certitude que nous sommes capables de proposer et d'accueillir en notre cœur et dans notre vie des amours inaltérables, inoxydables, survivantes aux promesses, aux excuses et aux pardons, résistantes aux illusions, à l'usure du temps, aux déformations du quotidien ou aux blessures de la vie. Nous en payons bien souvent le prix fort, au risque d'un non-respect pour l'essentiel de nous-mêmes.

La croyance quasi universelle fondée sur l'évidence d'un Amour Unique, permanent et sans faille, entendu et reçu comme gage de bonheur durable va justement nous faire oublier trop souvent qu'une relation vivante et en santé s'entretient, se nourrit, se respecte. Qu'elle doit surtout se garder de trop de pollutions et se protéger des altérations inévitables d'une intimité qui s'use aux partages du plein temps.

Quand la rencontre devient partage et agrandissement de chacun

Au face à face des jours
surgissent des instants précieux.
Tel ce moment reçu, agrandi,
inventé pour nous deux
à la rencontre de ce soir.

J'en veux garder plus loin la trace
bien au-delà du souvenir.
Te rappelles-tu qui a proposé,
qui a invité ?
Et de quel événement passé
ou à venir
nous fêtons la présence ?
As-tu la souvenance encore
de cette envie
de nous retrouver en ce lieu
pour en cueillir le meilleur,
en savourer toute l'intensité ?

Nous nous sommes accordés au désir
de l'essentielle nourriture,
puis au plaisir des regards échangés,
à l'abandon des paroles offertes
et au reçu de la proximité fragile.
Nous avons partagé dans le secret des mots
et recréé en ces lieux une part de nos élans...

Voilà, nous reviendrons peut-être,
sûrement,
déposer encore un peu de chacun
dans un nous à poursuivre.

> Pour être heureux en mariage il ne suffit pas de se marier avec l'homme ou la femme qu'on aime, mais d'aimer l'homme ou la femme avec qui nous sommes mariés !
>
> VIEIL ADAGE POPULAIRE

Quelles sont les forces et les enjeux qui président à la rencontre amoureuse ?

Ils sont chez les uns comme chez les autres d'origines diverses, actuelles ou plus lointaines.

Je les ai rassemblés autour de quatre grandes familles :

- les attirances
- les sentiments
- les peurs
- les choix inconscients

Le bonheur et la tristesse vont de pair.
Ils sont étroitement accrochés l'un à l'autre, indissociablement liés, je pourrais dire accordés. Cependant le bonheur et la tristesse ne se mélangent pas. Ils restent des sentiments à part entière, avec des racines et des fruits qui leur sont propres. Si je peux oser être heureux ou triste avec quelqu'un que j'aime, sans me sentir dépossédé de ces sentiments, c'est que je suis aimé de lui.

1 – Les attirances

Une attirance peut être physique, émotionnelle ou spirituelle. Elle peut être également circonstancielle, liée à un état particulier, à une sensibilité ou à une réceptivité privilégiée.

Nous pouvons être attirés non seulement par la beauté, le charme mais aussi par la fragilité, la détresse ou même la brutalité de quelqu'un.

Nous pouvons être touchés et retenus par l'éclat d'un accueil, d'une ouverture, d'une disponibilité ou d'une inconditionnalité entendu chez l'autre.

Et nous pouvons être troublés, mobilisés, stimulés par un refus, un rejet ou un désintérêt manifesté par rapport à nous ou à un aspect de nous.

Nous pouvons être sensibles à la vulnérabilité ou à la faiblesse d'une personne qui suscitera ainsi en nous compassion, dévouement ou des sentiments plus complexes autour du besoin de réparer, d'aider, de soutenir, de prendre en charge ou de sauver.

Surgissent alors des propositions relationnelles imaginaires qui vont s'autonourrir, durant parfois de longues années.

« S'il compte sur moi, c'est que j'ai de la valeur. »

« Si je m'occupe d'elle, je l'entretiendrai dans la dépendance de son besoin de moi. »

« Je vais réussir à l'aimer comme personne jusque-là ne l'a aimé ! Je nourris même l'espoir que grâce à moi, à mon amour pour lui, ou à son amour pour moi, il renoncera à la cigarette, à la boisson, à la drogue… ou à l'escalade en montagne ! »

L'attirance physique, si elle émoustille le désir, a bien moins d'influence que beaucoup ne l'imaginent dans la rencontre, car l'attirance physique déclenche en réalité de nombreuses peurs… chez celui qui en est l'objet. Des peurs et des frustrations mais aussi des réactions de défense ou des résistances sourdes, tenaces.

« Il ne s'intéresse qu'à mon corps. »

« Elle ne s'intéresse pas à ce que je suis réellement. »

« Un jour, il en aura assez. Il découvrira que je ne suis pas réellement intéressante. »

« Je ne peux aimer quelqu'un qui se laisse avoir par les apparences. »

« Je ne peux faire confiance à quelqu'un qui s'aveugle sur ce que je montre… et que je ne suis pas ! »

« Peu d'hommes savent tout ce qu'il faut d'humilité quand on est belle, tout ce qu'il faut de forces pour vaincre le malaise des regards désirants et des déceptions que je vais inévitablement déclencher. »

Des paroles aimantes ne réussissent pas toujours à redorer le blason d'une image dévalorisée de soi-même ou d'une estime de soi écorchée vive.

Les images que nous avons de nous-mêmes se combattent, s'affrontent avec celles qui nous sont proposées par l'autre. Le sentiment profond et parfois inavouable de notre propre valeur subit son sérum de vérité ! Il est mis à l'épreuve dans ses complexités, dans ses mouvements kaléidoscopiques et dans ses contradictions.

Il serait possible d'entendre chez beaucoup de femmes et chez certains hommes l'expression de ces conflits intérieurs à travers des propos amers tels que :

« Je ne comprends pas ce qui l'attire en moi ! Qu'est-ce que j'ai de plus que les autres ? Si elle me connaissait vraiment, elle ne resterait pas avec moi ! »

> On ne choisit pas d'aimer, on aime.
>
> OLYMPIA ALBERTI

2 – Les sentiments

Ils peuvent parfois surgir, nous envahir soudainement, mais le plus souvent ils ont besoin de temps pour s'apprivoiser chez celui qui les porte. Nos sentiments ont besoin de temps, d'accueil et d'espace pour naître. Certains ont de longues gestations, secrètes ou laborieuses, d'autres des réveils fougueux et imprévisibles.

Nous n'avons pas de pouvoir sur les sentiments qui nous habitent. Nous ne pouvons pas leur dicter d'être plus là ou moins ici. D'avoir telle qualité, telle intensité. Nous ne pouvons nous donner l'injonction d'aimer ou de ne plus aimer.

Chacun a entendu parler du coup de foudre et rares, semble-t-il, sont ceux qui ont vécu cette aimantation brutale, violente entre un aimant et une aimée.

Certains en rêvent comme d'une solution magique qui leur permettrait de connaître une relation prête à l'emploi ou en *kit* en faisant l'économie d'avoir à entrer en relation, d'affronter le risque d'un refus. Il suffirait d'un regard et les choses se passeraient toutes seules. Croire au coup de foudre n'est pas l'apanage des femmes. Beaucoup d'hommes préoccupés et en difficulté d'entrer en relation et d'affronter la relation réelle semblent habités par cette croyance.

Trouver la femme idéale, l'homme de sa vie reste le vœu secret de beaucoup.

Je peux éprouver des sentiments très forts, merveilleux pour quelqu'un et être habité par des ressentis (émotions, perceptions) tantôt fabuleux et tantôt difficiles, car douloureux et trop chargés de souffrances. Amour et bien-être ne sont pas toujours en correspondance. Sentiments et ressentis ne sont pas toujours en harmonie.
À l'inverse, je peux avoir des sentiments légers et peu engagés pour quelqu'un et connaître un ressenti extraordinairement positif, un bien-être étonnant, un accord quasi parfait. Les sentiments s'inscrivent dans la durée, dans le lien. Le ressenti s'inscrit plus dans le présent et le fragile de l'éphémère. Il s'accroche à l'instant, même s'il résonne à partir du passé.
Notre aspiration profonde est celle d'une cohabitation harmonieuse et stable des sentiments et des ressentis.
Le bonheur s'inscrit dans l'équilibre imperceptible mais si réel entre un présent accordé au passé et porteur d'avenir.

Les sentiments d'amour naissent, germent, s'épanouissent à partir d'un flux spécifique d'émotions, de mouvements internes infimes ou brutaux et de signaux qui sont parfois entendus chez l'autre, même quand ils ne sont pas émis. Ils peuvent aussi être ignorés, refusés ou maltraités par celui qui les reçoit. Le propre du sentiment d'amour, et en cela il diffère de tous les autres sentiments, est qu'il cherche son reflet, son équivalence, son « autre part » de lui-même en l'autre. Il est un mouvement en quête d'un mouvement symétrique correspondant avec lequel s'allier.

L'amour est un sentiment multiforme porteur de significations et d'enjeux variés.

Il serait bon d'apprendre à s'interroger sur la nature de l'amour : sur l'amour reçu, sur l'amour imposé, sur l'amour quémandé, sur les amours de besoin ou de manque, sur les amours oblatives, sur l'amour de désir ouvert et sur cette liberté si rare d'être en amour, tourné vers le meilleur de l'autre à partir du meilleur de soi.

Être en amour, devenir aimant, c'est aussi lâcher ses défenses, ouvrir et faire craquer l'écorce de la carapace. C'est accepter de laisser apparaître le petit garçon si inquiet ou malhabile, la petite fille si vulnérable parfois dans cette attente d'être aimé et accueilli qui sommeille en chacun, quels que soient notre âge, notre statut social, nos fonctions actuelles.

Ce petit garçon, cette petite fille, remis à jour par l'amour reçu ou par l'amour éveillé, s'exprimera quelquefois par des outrances, des excès ou des violences dans sa demande ou son exigence d'être aimé. Il sera alors quelquefois en difficulté ou impuissant à donner ou à recevoir de l'amour. Ce sera un des enjeux masqués de la relation amoureuse de réveiller, de restimuler, de remettre à jour la part la plus infantile de nous-mêmes.

Tout se passe parfois comme s'il y avait une concurrence d'intérêts, de besoins ou d'attentes entre un adulte soudain confronté au petit enfant chez l'autre, entre un tout petit bébé réclamant l'urgence d'une attention et un adulte qui croyait se trouver face à une grande personne !

Cet ajustement délicat des conduites, des comportements et des sentiments peut ainsi donner lieu à des péripéties douloureuses, à des malentendus soudains et violents.

En termes de relation, ce ne seront pas deux adultes qui seront en présence mais un adulte et un ex-petit enfant et parfois deux enfants éperdus, espérant tout de l'autre et porteurs de demandes et d'attentes qui peuvent devenir terroristes dans leur exigence inflexible.

« Aime-moi, aime-moi à tout prix. »

« Rassure-moi, prends en charge mes inquiétudes, lave-moi de mes doutes, confirme-moi que je t'aimerai toujours… »

Le sentiment amoureux, dans ses expressions les plus banales, contient trop souvent beaucoup d'injonctions, de diktats ou d'obligations sur les sentiments et les conduites à venir de l'autre.

Ainsi, le sentiment amoureux, qui se trouve être un puissant aimant (dans le sens d'aimanter) pour celui qui en est l'objet, risque de se révéler un puissant révulsif quand il tente de s'imposer, d'emprisonner, d'aliéner celui qui le sent peser sur lui.

Ce constat invite à une autre démystification : l'amour ne donne aucun droit sur l'autre, tout au plus sera-t-il porteur d'attentivité et parfois de devoirs.

Il nous appartiendra de nous interroger sur ces attentions si particulières, ces privilèges que nous acceptons fréquemment de nos proches, sur ce statut unique que nous réservons à ceux que nous aimons et surtout dont nous voulons l'amour !

Nous sommes porteurs de toute une gamme de conduites, de comportements confondus avec des sentiments. Si intriqués les uns dans les autres que nous croyons avec sincérité les proposer comme des sentiments alors qu'ils relèvent de la relation.

Droit de regard, de surveillance, d'intrusion, taxe de propriété, obligations d'être et de faire à partir d'un code souvent exprimé dans un « nous » ou un « on », défini par un seul !

« Dans un couple on doit tout se dire ! J'ai le droit de savoir à qui il téléphone. Quand on a la conscience tranquille, quand on n'a rien à se reprocher, on n'a rien à cacher ! »

« Ma femme parle toujours de moi devant des amis… J'en souffre mais c'est normal, je suis son mari, ce qui concerne l'un, concerne l'autre… »

« Moi, je ne te tromperai jamais, on n'a rien à craindre toi et moi sur ce plan-là ! »

Ainsi se confortent des leurres et des systèmes qui vont se révéler oppressifs et violents dans le partage des jours.

La bonne foi la plus évidente nous fait affirmer :

« Ce que je ne supporte pas c'est le mensonge, quand tu me dis que c'est préférable pour toi de partir le soir pour te lever moins tôt le matin, que c'est une question d'horaire de train, je voudrais que tu me dises simplement que tu vas rejoindre quelqu'un… »

« Je voudrais que tu me dises vraiment ce que je sens pour le savoir enfin » est une demande des plus perverses et des plus risquées pour celui qui la fait. Car il faut savoir gérer les réponses à nos questions. Je prends toujours le risque des réponses à mes demandes.

L'amour de rencontre

L'amour de rencontre est une parenthèse,
ouverte sur des pointillés, des incertitudes,
des étonnements plus étonnés que des rêves.
L'amour de rencontre a un avant prometteur
et un après enchanteur.
Dans des filigranes de tendresse, sur trame
de rencontres et de temps effleurés
l'amour de rencontre ne s'étiole pas.
Sur un fond d'espérance étiré dans la nuit,
sans regret pour les solitudes désespérées
d'autrefois, alangui dans les possibles
du plaisir partagé, l'amour se rencontre.
L'amour de rencontre exhale son essence,
parfum de surprise ébahie,
odeurs de corps emmêlés,
fragrances de joies scintillantes, sur caresses d'or.
L'amour de rencontre relègue parfois au loin
ses besoins et ses exigences
pour se révéler joyeux,
cerise sur le gâteau de la vie.
Il peut devenir aussi une perle rare
aux reflets irisés des désirs.

Dans l'instant bohème, renaissant aux hasards rêvés et accueillis,
la rencontre de deux amours reste une flamme.
L'amour de rencontre, cet élan entre un et une...
qui se croisent à jamais.

> Adam : Chérie est-ce que tu m'aimes ?
> Ève : Est-ce que j'ai le choix ?
>
> RÉFLEXION TALMUDIQUE

LES RÉGRESSIONS ET LES POSITIONNEMENTS INFANTILISANTS

Ils surgissent sans prévenir, à partir de situations déclenchantes banales et puériles.

Toute relation amoureuse est donc porteuse d'un mouvement régressif qui parfois va blesser l'un et l'autre des protagonistes.

Telle femme amoureuse, profondément attachée à son partenaire, sentira tantôt la petite fille, tantôt le petit bébé toujours en elle prêts à se réveiller, à se réactualiser.

Ainsi dans ce couple les êtres en présence ne seront pas toujours deux adultes l'un en face de l'autre mais un enfant et une ex-enfant, chacun des deux parfois plein d'exigences et d'attentes impossibles à l'égard de l'autre.

Chez tel homme ce sera le petit garçon, ou le petit bébé éperdu remis au jour par la position régressive qui demandera soins, protection et assistance avec une rage ou une passivité qui peuvent être insupportables pour l'autre.

Cette acceptation de la réémergence, possible à certains moments, de ce noyau gorgé de réactions infantiles et susceptibles d'infantiliser l'autre, pourrait nous aider à être plus conscients des différentes sortes de mouvements parfois présents dans la relation d'un couple en gestation.

Un mouvement présent au quotidien sur un mode si intense, si impérieux, si angoissant et si vorace parfois que la rencontre en est souvent émouvante et pathétique par le contraste qu'elle donne à voir : de l'extérieur les apparences montrent deux adultes aux prises avec des échanges réalistes tandis que de l'intérieur des attentes archaïques et chaotiques s'affrontent et se combattent.

« Bien trop tard j'ai compris ma relation de couple en fonction de mon intransigeance. J'avais une ligne de conduite, je m'y suis tenue même si j'en crevais, sans tenir compte de la mouvance de la vie, sans tenir compte de mon évolution personnelle, prenant mes croyances pour évangile, sans me donner à moi ou à l'autre le droit au changement par la remise en question, la négociation ou la confrontation.

« En m'enfermant finalement moi en moi, je pense que c'est comme cela que la violence à l'égard de soi-même peut être nourrie ! Je m'étais enfermée dans un certain mythe de l'amour, celui d'un amour inaltérable. »

Dans ces moments-là, la plupart des partenaires se sentent démunis, blessés ou choqués de l'irruption de cette partie d'eux-mêmes ou de l'autre qu'ils vivent par défense comme ridicule, grotesque ou saugrenue.

L'amour demande beaucoup d'humilité pour respecter chez soi et chez l'autre la présence d'un petit enfant qui crie, appelle, réclame sécurité, confiance et acceptation inconditionnelle.

> Si la violence est le déguisement favori de la peur, la haine est le masque de l'amour blessé. Quand surgissent haine et violence dans un couple, tentons d'entendre les sentiments humiliés et les peurs réveillées en nous, chez l'autre.
> Et gardons-nous d'oublier que la haine humilie plus celui qui la porte que celui ou celle à qui elle est destinée.

3 – Les peurs

Au-delà des désirs, les peurs vont constituer une source puissante de stimulations ou d'inhibitions dans la recherche de l'autre et dans les rencontres amoureuses.

Ainsi, la peur de ne pas être aimé peut entraîner quelqu'un à se lancer dans une course éperdue vers de multiples rencontres, à la recherche tous azimuts d'une confirmation de sa valeur, de l'intérêt qu'il peut susciter, d'une réponse à son besoin d'être aimable. Pour d'autres au contraire, la même peur de ne pas être aimé peut paralyser, interdire ou fausser la rencontre possible avec l'autre.

« J'ai souvent choisi des partenaires rassurants pour moi. Aussi je me suis surtout contentée de brèves rencontres où je n'avais pas à me positionner et qui me protégeaient surtout d'avoir à me montrer telle que je suis. » « J'avais besoin de séduire, de conquérir car j'avais très peur d'aimer, de "tomber en amour" comme disait ma tante. »

« Cette phrase me faisait très peur depuis l'enfance. “Tomber en amour” cela voulait dire certainement choir, déchoir et cela était méprisable… »

Certaines inhibitions liées à des peurs vont parfois constituer de puissants stimuli pour l'esprit de séduction, de réduction ou de conquête de l'autre.

La peur de ne pas être aimé, d'être seul, la peur d'être abandonné ou délaissé, de ne pas être reconnu, d'être laissé pour compte, de ne pas être à la hauteur, va nous faire accepter parfois les marques d'intérêt, les approches, les demandes, les choix inconscients d'un partenaire qui risque de se révéler décevant ou frustrant par rapport à nos attentes profondes.

« J'avais si peur de me retrouver seule qu'au début, j'ai pris son silence et son mutisme pour de la réserve et même de la profondeur. J'ai mis des années à découvrir qu'il était surtout profond dans le sens de creux ! »

« Elle tournait tout en dérision et je prenais cela comme le fin du fin de l'esprit. Et le fait qu'elle s'intéresse à moi me donnait le sentiment trompeur que j'étais quelqu'un de spirituel. »

Ces peurs de la fusion, de la dépendance ou de l'intrusion vont générer méfiance, prudence, réserve. Elles peuvent même se traduire par des attitudes de retrait sur son quant-à-soi ou encore d'hostilité, voire de rejet de toute marque d'intérêt et surtout d'intimité. La lutte contre une relation amoureuse trop intense, anticipée comme une menace, va se manifester par la mise en place de mécanismes défensifs sur le plan de la sexualité.

C'est ainsi que certains partenaires s'organisent implicitement pour que leurs désirs respectifs ne puissent pas coïncider. Mieux vaut parfois des reproches et des accusations qu'un rapprochement dans lequel chacun risquerait de se perdre, de se fondre ou de s'égarer dans l'amour de l'autre.

> Le sens de l'amour n'est pas d'être dos à dos mais face à face avec sa propre mobilité, c'est-à-dire risquer de s'éloigner ou de se perdre, de se rencontrer, de se réduire ou de s'amplifier.

4 – Les choix inconscients et les répétitions qui président à la rencontre

Nous allons parfois nous attacher à une image, à une représentation ou à l'espoir que l'autre sera différent d'une personne significative de notre histoire, ou semblable à elle : papa, maman par exemple ou un amour antérieur qui nous a habités, portés ou taraudés durant longtemps.

Les dynamiques amoureuses fondées sur la réparation et la restauration des relations structurantes mais meurtries ou blessées de notre histoire sont très fréquentes. Elles le sont au moins autant que celles fondées sur l'opposition ou l'anticipation de vouloir le contraire de ce que nous avons déjà vécu.

Combien de petites filles se sont-elles donné l'injonction de ne jamais épouser quelqu'un qui ressemblerait à un père tyrannique, froid ou colérique qui n'a jamais su être un papa chaleureux, ouvert ou bienveillant ! Elles vont plus tard trouver un homme qui se révélera un bon… papa mais qui aura beaucoup de mal à se positionner comme mari.

Combien de futures femmes se sont-elles dit :

« Moi, jamais je ne me laisserai dicter ma conduite par un homme » ou « Moi, je ne serai pas comme

Maman qui se sacrifie ou se transforme en serpillière pour tous les autres et qui en oublie de vivre pour elle-même ».

Combien de femmes vont se laisser séduire par l'aisance extérieure, l'assurance et la force d'un homme qu'elles découvriront rigide, intolérant et parfois colérique et violent !

Combien encore se sont tant employées à choisir un compagnon compréhensif, gentil, attentif et pour qui ces qualités tant recherchées sont devenues à la longue des défauts irritants et insupportables !

Combien de petits garçons ont intériorisé le message « qu'il suffit d'énoncer et d'affirmer avec suffisamment de ténacité son désir pour que l'autre renonce au sien et accepte le leur » !

Combien d'hommes vont développer des relations dominants-dominés sans autres possibilités, comme s'il en allait de leur survie !

Combien d'ex-enfants encore ont rêvé de pouvoir être entendus, comblés par leur partenaire sans avoir même besoin de dire !

« Si elle m'aimait *vraiment* elle devinerait mes désirs sans que je les exprime. Elle comblerait mes besoins sans que j'aie à les dire ou à les montrer !

« Et même plus… elle anticiperait mes attentes. Ce qui me ferait faire l'économie de l'humiliation d'avoir à demander et m'éviterait de courir le risque d'un refus. »

Combien d'ex-petits garçons devenus des hommes, du moins dans l'apparence, ont-ils espéré trouver et rencontrer quelqu'un qui se moulerait dans l'entièreté de leur désir, qui exaucerait sans contrepartie leurs besoins les plus archaïques, qui lèverait leurs doutes, laverait leurs angoisses, magnifierait leur puissance, et se mettrait au service de leurs projets, de leur entreprise ou de leur réussite, avec un dévouement, une dévotion et une abnégation sans borne ni défaut ?

Le rêve incarné de la soumission librement acceptée d'un imaginaire à un autre imaginaire !

La concrétisation d'un rêve inouï, la réalisation sans faille, la satisfaction d'être accepté inconditionnellement.

Et combien, à partir de cette dynamique, vont tenter d'exercer une pression et parfois une violence terrible, directe ou indirecte, sur leur partenaire pour qu'il entre dans ce mythe d'un accord librement consenti à une toute-puissance implicite, pour que l'autre se mette au service de nos attentes et de nos désirs, de façon inconditionnelle, sans esprit critique, ni remise en cause, avec amour et plaisir ?

Il existe bien sûr beaucoup d'autres enjeux qui président à la rencontre de deux êtres et j'invite chacun, en me lisant, à tenter d'explorer, de clarifier et de retrouver les siens.

Ces découvertes ne vont pas se vivre sans douleurs, sans insécurité ou sans déchirement parfois. Selon l'évolution de chacun des partenaires, de leur capacité à lâcher prise et du moment de leur vie de couple où se font ces prises de conscience et ces dévoilements, de toute façon les chemins en seront difficiles et semés d'embûches.

Pour s'allier, il ne suffit pas de se relier à une personne nouvelle, encore faut-il apprendre à se délier de son propre passé. Pour s'allier sur de nouvelles bases, il faudra se délier non seulement des personnes de notre passé proche ou plus lointain, mais des relations et des systèmes relationnels instaurés avec ces personnes.
Il nous faudra lâcher prise sur des gains et sur des enjeux parfois trop intimes liés à des relations antérieures, pour pouvoir s'accorder à ceux plus concrets d'une relation au présent et à ceux plus espérés d'une relation au futur.

N'allez à la rencontre de l'amour que pour découvrir le meilleur de l'autre et de vous-même. Car l'inouï d'une rencontre amoureuse se cache justement dans la découverte de nos possibles. Pouvez-vous sur ces bases ouvrir un contrat relationnel de bien-être avec lui ou avec elle ?

Chapitre 2

Construire et vivre une relation

Au-delà de la rencontre, créer et instaurer une relation dans la durée représentera non seulement une des étapes-clés constitutives de la vie d'un couple, mais sera pour chacun le révélateur de ses capacités à cohabiter avec l'autre.

La construction de cette relation passera par une succession de crises, de conflits, de tâtonnements et de médiations diverses qui déboucheront sur des adaptations, des ajustements et des confrontations ou qui se traduiront par un éclatement, des séparations et des ruptures.

Vivre la relation dans la durée, ce sera accepter de se relier à un être particulier, pour faire **alliance avec lui** en vue de la mise en œuvre d'un projet de vie en commun. Je précise que « projet en commun » ne veut pas dire « commun » dès le départ mais projet à définir ensemble, à construire, à consolider et à faire évoluer par des échanges où seront mises en commun… des différences.

Ces partages révéleront des sensibilités, des expériences et des choix de vie qui, avec le temps, s'avéreront parfois proches ou complémentaires, parfois antagonistes ou distants.

Vivre une relation de couple passera par la capacité de s'engager, de se lier et de se relier à un autre, ce qui ne veut pas dire l'attacher, l'étrangler ou le posséder.

L'attachement est perçu souvent comme un sentiment très positif : « Il m'est très attaché, sans moi il serait perdu. »

L'attachement peut se révéler un liant puissant, mais peut se vivre aussi comme une forme de dépendance aliénante.

Pour pouvoir s'allier, faire alliance (et passer une alliance au doigt de l'autre n'est pas suffisant !), **il faudra savoir se délier**, c'est-à-dire accepter en quelque sorte de se détacher, de prendre de la distance, de modifier ou d'inventer de nouveaux rapports avec les personnes significatives de notre vie passée.

Je développerai cet aspect plus loin dans le chapitre traitant des forces de cohésion ou d'éclatement dans le couple.

Pour beaucoup, il n'y a pas de communication authentique sans attachement. Il me paraît important de redire que l'attachement n'est pas un sentiment mais une qualité, une modalité particulière de la relation qui nous renvoie plus particulièrement, avec telle personne et non avec une autre, aux premières dépendances de notre vie lorsque nous étions dans le besoin d'une réponse proche, immédiate et assurée.

L'attachement à un être cher est bien dans le besoin de sa présence, d'une proximité et d'une certitude intime que cette personne ne nous fera pas défaut. L'attachement déclenche plusieurs sentiments antagonistes : un sentiment de bien-être, de bon et de confiance qui nous inscrit, nous relie comme humain, comme vivant, vibrant à la présence ou à l'évocation de l'autre. Mais il suscite aussi des sentiments de vulnérabilité dans le rappel d'une dépendance et du risque de la perte.

L'attachement chez des partenaires qui ont vécu longtemps ensemble est souvent confondu avec l'amour qu'ils se portent.

L'attachement peut déclencher des sentiments plus ambigus chez celui qui en est l'objet, quand le besoin de présence et de proximité ne laisse pas suffisamment d'espace au besoin d'intimité personnelle tout aussi essentiel. La complicité, la tendresse, l'humour, la fantaisie sont des garants face aux excès possibles de l'attachement, ils donnent à l'attachement un moelleux, une fluidité qui le rend plus précieux, plus... attachant.

Dans un couple, apprendre à communiquer au présent, c'est surtout apprendre à mieux se différencier.
Cela veut dire aussi prendre le risque de se distancer des relations passées anciennes et parfois encore proches !
Et encore : prendre le risque de remettre en cause certaines de nos croyances et de nos mythologies personnelles sur l'amour, la femme, l'homme ou la vie.

> Aller jusqu'au bout de son amour c'est aller vers plus de différence, c'est prendre le risque de découvrir les richesses, les insuffisances et parfois les médiocrités de l'autre.

De la fusion à la triangulation

C'est le propre des comportements humains que de défier les lois de la logique cartésienne pour s'évader dans l'irrationnel. Les étapes de la vie à deux n'échappent pas à cette règle. Elles se mesurent ainsi par de bien curieuses équations algébriques ! Vivre en couple sur le plan relationnel, ce sera être capable de passer de **un** à **trois**.

Il s'agira de sortir du stade initial de la fusion et de la symbiose où 1 + 1 = 1… voire même 1/2 + 1/2 = 1 (ne dit-on pas parfois « ma moitié » ?).

Pour aller vers cet état de différenciation qui fait que 1 + 1 = 2, et ce, avant d'atteindre une phase de triangulation basée sur des interactions et des échanges issus d'une possibilité de confrontation et où 1 + 1 + la relation = 3.

Vivre en couple, ce sera prendre le risque de communiquer mais aussi de se montrer capable de s'engager. Ce choix réunit en un champ de forces précis, et bien plus puissant que la simple addition de deux décisions, un processus hautement significatif inscrit dans la chaîne des générations. Je m'engage à partir de mon histoire, connue ou inconnue, de ma situation d'aujourd'hui et pour demain. Je m'engage à partir de ce que je suis au présent et pour celui que je suis déjà en train de devenir.

En même temps, je m'engage à me lier avec un d'aujourd'hui et avec celui qu'il sera demain.

> Trouver la bonne distance, la bonne longueur d'onde entre intimité personnelle et intimité partagée, voilà une des clés de la réussite d'un couple.
> L'harmonie n'est pas de tout faire ensemble, mais de pouvoir partager ensemble un maximum en osant vivre parfois pour soi... en dehors de la proximité immédiate de l'autre.

Évolution de la façon d'aimer en renonçant à certaines mythologies

« Pendant longtemps j'ai cru qu'être aimé, cela voulait dire que l'autre savait et devait deviner à l'avance ce que je voulais avant même que je le sache moi-même !

« **J'imaginais** que s'il m'aimait il devait entendre mes besoins et y répondre sans que je les énonce, c'était le summum de l'amour pour moi !

« L'amour, c'était avant tout un sentiment que l'autre **devait avoir pour se comporter avec moi en accord avec mon imaginaire.**

« Vous imaginez la série de déceptions, de frustrations et de conflits qui ont jalonné ma vie !

« Aujourd'hui, je suis un tout petit peu au-delà de tout cela, je tente de passer du sentiment à l'action.

« Je dis la moitié de mon amour en me révélant dans mes attentes et mes besoins et je le dis de telle façon que cela ne se transforme pas en obligation pour l'autre d'avoir à les satisfaire.

« L'autre moitié de mon amour se révèle quand l'autre peut se dire dans ses besoins et ses attentes à lui sans que je me sente dans le devoir de les combler.

« Avant ma révolution personnelle, je croyais que l'amour, c'était ignorer mes propres besoins, censurer de nombreux désirs, renoncer à des droits personnels pour combler les attentes et les besoins de l'autre, satisfaire ses désirs, et m'ajuster sur ses choix sans trop tenir compte des miens.

« C'était ma mythologie à moi. Aimer est devenu un mode de vie dans lequel j'ai accès à l'autre, où il peut avoir accès à moi sans exigence, sans critique ni violence. »

Mais bien sûr, ajoutait cette personne, « cela suppose, pour que cet amour reste vivant, de le nourrir quand même en répondant, quand je suis en accord, aux attentes et aux besoins de l'autre, quand il accède pleinement aux attentes et aux besoins qui m'habitent » !

Passer de la fusion à l'alliance suppose d'accepter d'accorder une valeur à la relation.
« Il ne s'agit pas de savoir ce qui te convient, ou ce qui me convient mais d'entendre si cela fait du bien ou non à notre relation ! »
Car tout ménage est toujours un peu un ménage à trois.
Nous sommes toujours trois en vivant à deux : toi, moi et la relation que nous partageons. Toi à ton extrémité... et moi à la mienne.

> Quand un homme et une femme sont mariés, ils ne deviennent plus qu'un : la première difficulté est de savoir lequel !
>
> PHILIPPE PORET

1 – De la fusion à la différenciation

Pour aller du **un** au **trois**, il faudra d'abord accepter de passer du **un** au **deux**, en osant quitter la phase idyllique de la fusion ou de la symbiose. Ces séquences de vie conjugale se traduisent souvent par l'usage privilégié des « on » et des « nous » qui englobent l'un et l'autre, dans cet espace clos de l'illusion d'être semblables.

« Nous aimons Mozart. »
« On est heureux ensemble. »
« On voudrait des enfants. »
« Nous voulons vivre à la campagne. »
« On est toujours d'accord sur l'essentiel… »

Combien de ces « on » et de ces « nous » sont-ils véritablement authentiques et complices ?

Combien sont porteurs d'un risque d'amalgame et de collusion dans lequel les désirs différenciés de chacun sont menacés de n'être ni entendus, ni comblés, ni même simplement respectés dans leur unicité ?

Ces périodes se caractérisent non seulement par le recours au « on » et au « nous », mais aussi conjointement au « tu » d'injonction, constitué du parler **sur** l'autre et non à l'autre. Ce que j'appelle le régime de

« la relation klaxon » à base de TuTuTu... Cette séquence relationnelle est fortement marquée par la collusion des intérêts, l'amalgame des sentiments et des désirs, la confusion des besoins.

Ceci très souvent dans le plus grand aveuglement des protagonistes qui collaborent chacun à leur façon à ce système d'indifférenciation.

Cette phase fusionnelle repose essentiellement sur l'absence de positionnement personnalisé de l'un ou de l'autre des partenaires, au profit de l'évocation d'une entité fictive : « le couple indifférencié » ou le « couple accordé », à une position dominante de l'un... sur l'autre.

« Nous, on est toujours d'accord, on ne se dispute jamais, d'ailleurs à quoi ça sert de se disputer quand on veut être heureux ensemble ? »

Chaque partenaire tend à arrondir les angles de sa personnalité en fonction de ce qu'il suppose être le désir de l'autre. L'adaptation mutuelle conduit chacun à amplifier et à renforcer les caractéristiques ou les traits qui semblent convenir à l'autre ou être valorisés par lui.

À l'inverse, chacun aura tendance à atténuer, gommer, voire dissimuler les manifestations ou les aspects perçus comme susceptibles de déplaire à l'autre, ou comme à l'origine d'une mise en évidence de leurs différences. C'est ainsi que certains partenaires finissent par se ressembler dans leurs attitudes, leur physique, leur langage.

Chacun des protagonistes est persuadé de connaître les possibles, les désirs ou les besoins de l'autre et de s'identifier à eux. Chacun fait ou vit pour l'autre. Il renonce à la satisfaction et même à l'expression de ses propres plaisirs ou demandes. Très rapidement, à l'insu même des intéressés, les positions se figent, s'installent, se structurent sur un mode répétitif et souvent à sens unique.

L'illusion d'une ressemblance entre les deux partenaires contribue à ce que la communication verbale soit peu valorisée.

« Nous, on se comprend tout de suite, on n'a pas besoin de dire. »

« Je devine ce qu'il va dire rien qu'à son air… »

« On n'a jamais de problèmes de communication comme tant d'autres, nous, on n'a pas besoin de se parler… »

Inutile d'exprimer des désirs que l'autre est censé deviner ! Ces désirs risquent fort, à long terme, de rester insatisfaits et de se manifester un jour sous forme de reproches et d'accusations, car ils sont trop longtemps restés enfermés dans l'implicite.

Cet homme, polytechnicien de formation, sincère, courtois, tendre et dévoué à maints égards à sa partenaire, n'a pas conscience qu'il la définit sans arrêt.

Très tôt dans leur relation, il s'était comporté comme celui qui savait ce qui était bon pour elle et pour lui, pour eux, pour la famille dont il était le chef.

« On se mariera après nos études, tu pourras continuer à travailler même avec les enfants, puisqu'on aura quelqu'un qui s'occupera d'eux. »

« C'est préférable quand même de vivre à la campagne puisqu'on a les moyens, j'espère que tu es d'accord ! »

« Nous allons déménager à la rentrée, car le poste qu'on me propose est plus intéressant, sois sans crainte… Je partirai en éclaireur, puis tu me rejoindras. J'essaierai de te trouver du travail et un bon poste dans un secteur voisin du mien. Tu verras, pas de problème… J'ai pensé à tout… »

Et ainsi pendant douze ans, « pas-de-problème » ou « j'ai pensé à tout » (c'étaient les surnoms qu'elle lui avait donnés quelques années après son mariage) régla effectivement tous les problèmes du couple… sans anicroche apparente et avec la collaboration apparemment sans faille de sa femme.

Jusqu'au jour où il lui annonça :

« J'ai été choisi pour partir en Corée, comme responsable du projet TGV, nous partirons en octobre prochain, nous aurons… à prévoir… et tu pourras… »

Il s'ensuivit une longue liste de démarches dont la charge lui incombait et qu'il envisageait de résoudre « sans problème » pour le bien-être de sa femme et de sa famille.

Ce jour-là il découvrit avec stupéfaction une femme inconnue, qui n'entrait plus dans son système relationnel et qui répondit :

« Toi peut-être que tu envisages de déménager une fois de plus, mais pas moi, ni les enfants. Je reste à Orléans, je me plais beaucoup dans mon travail, dans cette ville qui commence à devenir un tout petit peu ma ville. Les enfants se stabilisent, nouent des relations importantes pour eux. J'ai commencé un cours de danse et j'ai des amies qui m'apprécient…

— Tu veux donc divorcer ? hurla-t-il modérément.

— Pas divorcer, seulement te dire que je ne veux pas déménager cette fois-ci. J'arrive à saturation, j'ai besoin de me respecter dans un rythme à moi !

— Cela veut donc dire que tu ne m'aimes plus ?

— Ce n'est pas ce que je te dis. Je tente simplement de te confirmer que j'arrête de me laisser définir par toi… »

Une crise s'installa sans changements essentiels.

Il tolérait la décision de sa femme, mais cherchait sans arrêt à la déstabiliser dans ses positions. Il ne manquait pas une occasion ! Il tentait par de multiples pressions, chantages ou menaces de la faire revenir au mode relationnel antérieur.

Elle s'accrochait à son projet de vie et gardait l'espoir qu'il « comprendrait », qu'il changerait et choisirait de renoncer à des postes à l'étranger.

Elle nous dira même : « J'avais la naïveté de croire qu'il me choisirait moi ! »

Cette crise dura plusieurs années jusqu'à une rupture à la fois conflictuelle et libératrice pour les deux. Cependant, même après leur divorce, il ne pouvait s'empêcher de lui téléphoner, pour continuer à lui dicter longuement, sur le répondeur, quel type de vacances serait souhaitable ou pas pour elle… quel poste de travail elle devait accepter…

Cette période de la vie relationnelle d'un couple où domine le « on » que j'appelle aussi relation « orang-outang » à base de « onononon » peut durer chez certains des années et même des décennies.

À plus ou moins long terme, elle sera sanctionnée par la découverte, plus ou moins brutale ou progressive, que l'un des partenaires ne trouve pas totalement son compte dans cette forme d'indifférenciation et d'amalgame qui l'enferme et le réduit.

Surviendra alors une crise souvent douloureuse, émouvante ou angoissante quand l'un des deux commencera à s'autonomiser, à se différencier, à se signifier comme différent. Ce sera alors le début d'une nouvelle étape de la vie du couple : **celle du couple différencié.**

« Oui, comme toi, j'aime Mozart, mais ce que j'aime surtout, ce sont les concertos de piano alors que je sais que tu es une passionnée de *bel canto*, tu adores plutôt les opéras ou les arias de Mozart. »

« Moi aussi j'aime faire l'amour avec toi, mais peut-être pas au même moment ou au rythme que tu me proposes… »

« Nous avions cru toi et moi que tu adorais la campagne, le grand air, les petits oiseaux. J'ai mis longtemps à découvrir que tu aimais surtout la maison de tes parents… dans laquelle je me sentais obligé de passer la plupart de mes week-ends ! »

Une autre découvrira lentement, amèrement puis positivement qu'elle avait des désirs, des projets bien à elle. Qu'être fidèle à soi-même n'est pas nécessairement être infidèle à l'autre.

« Je t'ai laissé croire que j'aimais la montagne et le tennis, mais je t'aimais surtout toi, c'est pour cette raison que je te suivais dans tes activités. Aujourd'hui, je peux continuer à t'aimer tout en renonçant à l'escalade et au club de tennis pour me consacrer plutôt à l'aquarelle et au cinéma que j'adore. »

Ce positionnement plus différencié entraînera une plus grande concentration de la personne sur elle-même.

L'axe du couple s'infléchit à ce moment-là vers l'un ou vers l'autre. Et si des hémorragies relationnelles, des tensions, des rivalités, des oppositions ne les fragilisent pas trop, il s'ensuit de meilleurs partages, une ouverture plus réelle de l'un vers l'autre.

Pour passer du stade de la fusion ou de la symbiose qui caractérise souvent les premiers temps de la vie amoureuse à celui de la différenciation, il ne suffit pas de prendre conscience ou de s'éveiller, mais de se définir concrètement et avec vigilance. Prendre le risque de se positionner comme porteur de désirs, d'idées, de ressentis et de projets différents de ceux de l'autre n'est pas des plus facile.

Ce sera aussi prendre le risque de déstabiliser l'autre, de l'inquiéter et parfois même de voir se développer une souffrance en lui.

« Il est possible que tu vives mal mon refus de t'accompagner chez ta mère et j'espère qu'il te sera possible d'entendre ce qui a été touché en toi par mon attitude, plutôt que de m'attribuer la responsabilité de ta souffrance et de tenter de m'en culpabiliser. »

Oser dire à l'autre « Je ne suis pas responsable de ce que tu éprouves. Ce que tu ressens t'appartient… » peut apparaître dans un premier temps comme une marque inacceptable ou intolérable d'égoïsme et même d'insensibilité.

Pourtant, si nous acceptons de considérer qu'une relation a bien deux bouts et qu'il est vital de nous responsabiliser à notre extrémité, nous allons découvrir que c'est bien nous qui produisons les ressentis avec lesquels nous entretenons parfois tant de souffrances, des ressentis et des sentiments avec lesquels nous tentons soit d'exercer une pression sur l'autre par la culpabilisation, la dévalorisation ou le chantage affectif, soit de nous dévaloriser et de nous disqualifier.

Bien sûr, cette manière de voir est rarement acceptée d'emblée et facilement par celui qui vit… les conséquences du changement de l'autre. S'ensuivent parfois des réactions archaïques, voire narcissiques, disproportionnées, car ce qui est blessé ou atteint échappe à la conscience immédiate de celui qui le vit d'abord et avant tout comme une injustice ou comme un séisme imprévu et incompréhensible.

Le paradoxe relationnel qui en découle est le suivant. Celui qui est le plus touché dans ses sphères les plus infantiles et profondes en adressera le reproche outré, amer et sincère… à l'autre.

« Tu es égoïste, tu ne penses qu'à toi, tu te comportes en enfant gâté, tu es en pleine crise d'adolescence… »

« Je ne te reconnais plus, tu n'es plus la même. Si tu crois que c'est ainsi que cela ira mieux entre nous… »

Dans beaucoup de couples, il y aura une dramatisation excessive, un peu étouffante, angoissante. Tout se passe comme si le changement relationnel de l'un mettait tout en cause : les sentiments, la vie du couple, l'enjeu même de rester ou non ensemble.

Tout semble se problématiser, dans la plupart des actes de la vie quotidienne. Cette cristallisation intense et soudaine des énergies défensives ou d'affirmation ouvre une phase doublement conflictuelle : celle d'un inter-conflit avec le partenaire et celle d'un intra-conflit au profond de soi. Avec des envies de démissionner, de se laisser à nouveau définir ou de revenir à un stade où « c'était quand même plus simple, moins dangereux, plus détendu… »

Au-delà des petits avatars, malentendus, plaisirs et incidents liés à la gestion de la vie quotidienne, au-delà des ajustements ou des affrontements inévitables qui jalonnent le début de la vie d'un couple, la première crise fondamentale qui ébranlera les assises identitaires de chacun trouve bien son origine dans cette interrogation : Comment passer du « nous » et du « on » à un « je » personnalisé ? L'émergence de ce « je » paraît à certains tellement nouvelle, inadéquate et menaçante qu'elle sera rejetée, répudiée, disqualifiée et même niée.

Elle risque d'être vécue comme le signe ou la preuve d'un abandon, d'un non-amour ou d'un rejet anticipé par celui qui cherche à se rassurer en voulant rester dans le « nous » du couple aseptisé. Le partenaire qui veut entretenir la fusion et maintenir l'indifférenciation dans la relation conjugale ne supportera pas l'irruption de ce « je » qui remet en question tant de mythes et qui oblige à tout un repositionnement relationnel des désirs, des projets, des habitudes et des modes de vie. Et cela chez l'un et chez l'autre.

« Je me suis voilé la face. J'ai voulu croire que je l'aimais encore pour ne pas avoir à réaliser que je m'étais trompée une fois de plus en choisissant cet homme. »

« C'est terrible de sentir qu'il est malheureux. »

« Je me fais l'effet d'être anormale, presque une salope de demander seulement de sortir une soirée avec des amis, alors qu'il dispose d'au moins trois soirées à sa guise pour le sport et ses copains ! »

« C'est seulement après dix ans de mariage que je découvre que la réciprocité était à sens unique ! »

« Elle n'avait pas ses besoins et ses envies, avant ! Qu'est-ce qu'elle veut donc, nous étions heureux avant qu'elle ne s'intéresse à tous ces trucs sur la relation… »

Celui, celle qui veut se cocooner ou se perdre dans le couple indifférencié va résister et lutter pour empêcher le couple d'accéder à la phase de la différenciation. Ce passage ne se fera pas sans heurts.

Si j'accepte de traverser les deux crises les plus difficiles dans une vie de couple, à savoir :

• la possibilité de passer de un à trois (du nous et du on trop fusionnels à un je plus différencié de celui de l'autre Je + Je)

• la découverte que nous sommes toujours trois : l'autre, moi et la relation qu'il y a entre nous... alors j'ai quelques chances de rester dans une relation vivante non seulement avec l'autre mais aussi avec moi-même.

À ce stade, cette crise peut donner lieu à des conflits larvés et sans issues, à une guerre d'influence. Elle débouche quelquefois sur de véritables violences morales et physiques.

« Je me croyais au Moyen Âge, il me confisquait les clés de la voiture. J'ai appris qu'il vérifiait le kilométrage !

« C'est fou d'en arriver là, complètement chamboulés, démunis l'un et l'autre ! »

Ce sera le début de ce que j'appelle le terrorisme relationnel, c'est-à-dire lorsque l'un des partenaires n'a pas compris (ou ne veut pas comprendre) la différence entre un désir « sur » et un désir « vers ».

Le désir **« sur »** l'autre est terrible et pathétique, car il veut avant tout le désir de l'autre. Il se comporte en colonisateur du désir de l'autre, soit en se l'appropriant, soit en le réduisant ou en le mettant au service du sien.

« Je voudrais que *tu* aimes ma mère. »

« Je voudrais que *tu* apprécies ce que je fais pour toi. »

« Je voudrais que *tu* aies envie de faire l'amour quand *moi* j'en ai envie, sinon tu n'es pas normale, tu es frigide ! »

« Je voudrais que *tu* sois d'accord avec moi pour qu'on mette notre fils à l'école libre. »

« *Tu* pourrais quand même faire un effort ! »

Le désir « sur » est de type conquérant, impérialiste, tyrannique et même annexionniste.

Le désir « vers » est plus ouvert, plus relationnel et surtout plus porteur de tendresse possible.

Il se propose à l'autre sans s'imposer, il s'offre sans exigence de retour ou de réciprocité. Il se définit en tant que désir, c'est-à-dire en tant que tendances autonomes, ayant droit d'existence à part entière indépendamment de toute satisfaction.

> Il faut que tu saches ce que tu veux à la fin ! Si tu veux que je reste avec toi sois indépendante ! Mais n'oublie pas que j'aime les femmes soumises...
>
> (ENTENDU DANS UN RESTAURANT)

Un désir qui ne se confond pas avec sa réalisation.

La plénitude sexuelle et affective s'atteint progressivement au terme d'un long processus de maturescence. Car combien de difficultés sexuelles et de blocages sont liés à l'incapacité pour l'un des partenaires de renoncer à la toute-puissance implicite de son désir ou de son amour sur l'autre !

Cette maturation suppose tout un cheminement à intérioriser pour pouvoir accepter de passer **du désir aliénant sur l'autre au désir créatif et ouvert vers l'autre.**

Il ne s'agit pas bien sûr de nier ou d'affadir ses propres désirs, mais de renoncer à les imposer et même de découvrir que leur réalisation ne pourra pas se concrétiser à ce moment-là ni s'incarner dans cette relation-là !

Puis-je entendre et dire d'où viennent le oui
et le non que je prononce ?
Puis-je accepter de reconnaître à qui je
dis oui ou non ?
Est-ce que je dis oui avec la tête (pour faire plaisir,
pour avoir la paix, pour ne pas blesser...) ?
Ou est-ce que je dis oui avec le cœur (pour être en
accord avec moi-même) ?
Est-ce que je dis non par réaction ?
(pour m'opposer, pour embêter, pour provoquer...) ?
Ou est-ce que je dis non pour me différencier en
m'affirmant dans mon altérité ?
Est-ce que je dis oui ou non pour moi
ou contre l'autre ?
Les vrais oui et les vrais non
sont des triples oui ou des triples non.
Ceux que je peux dire à la fois avec ma tête,
avec mon cœur et mes émotions.
Pour moi.
Les oui et les non les plus vivants sont ceux que
je peux énoncer vers l'autre, pour lui et pour moi.
Ce sont des oui et des non congrus qui contribuent
à renforcer ma cohérence et ma consistance internes.

> L'homme dont je rêve sera celui qui aime en moi
> la femme qui ne dépend plus de lui.
>
> PETER HANDKE

2 – De la différenciation à la confrontation

J'ai présenté plus haut l'idée que vivre dans un couple éveillé, c'est tenter de passer de **un** à **trois**, de traverser les risques et les leurres de la fusion pour découvrir ceux de la différenciation afin d'instaurer une triangulation possible.

Après ces premières crises, un couple vivant dans la durée aura à affronter une autre évolution, un autre passage.

Il s'agira de découvrir que nous sommes toujours trois : **l'autre, moi** et la **relation** entre nous.

Et que si cette relation est essentielle, elle mérite attentions, soins, tendresse et amour. Il ne suffit pas que j'aime l'autre, encore faut-il que j'aime la relation qu'il me propose et qu'il puisse apprécier la relation que je lui propose.

Découvrir qu'une relation est un processus vivant, la concevoir comme un tiers à respecter, à nourrir, à valoriser, à stimuler, à vivifier, sera une étape majeure dont dépendra le devenir amoureux commun à deux êtres.

Je propose le plus souvent de symboliser la relation par une écharpe ayant deux bouts, deux extrémités. Il appartient à chacun[1] non seulement de se

1. Cette notion qui semble simple et évidente (pour moi !) entraîne d'incroyables résistances dans sa mise en application au quotidien.

familiariser avec cette représentation, mais de veiller à ne s'occuper prioritairement que d'une seule extrémité : la sienne.

Ce concept ne reconnaît pas seulement une idée essentielle, mais un axe central, un ancrage puissant pour la vitalité d'une relation, pour le respect de chacun.

Il reste cependant difficile à intérioriser tant il interroge et déloge les certitudes et les habitudes !

Il remet en cause bon nombre de nos croyances, de nos conditionnements, de nos injonctions éducatives, de nos mythologies et de nos belles images de nous-mêmes selon lesquelles « l'autre doit passer avant nous… », « c'est mal vu de penser à soi en premier, de se mettre en avant… c'est normal de se sacrifier, de faire des efforts pour l'autre ».

La démarche et les positionnements de vie qui découlent de ce concept-clé ont ainsi bien du mal à pénétrer notre inconscient collectif et nos vies quotidiennes. Des résistances actives ou plus souterraines et sourdes se développent en contrepoint pour s'opposer à ce mouvement.

Elles sont directement proportionnelles à l'intensité des peurs latentes qu'elles réveillent. Elles vont donner lieu à des sabotages, à des régressions ou à des blocages dont la principale fonction sera de tenter d'échapper à cette responsabilisation structurante mais combien redoutée ! Oui, je suis responsable, c'est-à-dire partie prenante de ce que j'envoie vers l'autre et de ce que je reçois de lui.

Je suis responsable de mes choix relationnels et des orientations que je prends ! **Responsable** mais non pas coupable ou fautif. J'entends en effet par responsabilisation cette obligation, ce devoir, cette charge qui m'appartient, m'incombe et me revient en propre d'être tout à la fois l'auteur et le seul comptable de tout ce qui m'arrive et d'en **répondre** au seul niveau qui est le mien.

« Oui, d'accord, c'est vrai, c'est bien toi qui m'as entraîné dans cette galère, mais c'est bien moi qui ai accepté de te suivre et de m'engager dans ce choix de vie. »

« Oui, c'est bien moi qui préfère gaspiller mes énergies à jalouser l'aisance, l'indépendance et la liberté de l'autre plutôt que de les consacrer à faire quelque chose pour mon besoin de réussir. »

« J'entends enfin que c'est moi qui te définissais, qui te faisais entrer dans mes demandes, dans mes projets, qui supportais mal chaque fois que tu avais un désir ou un projet différent, que j'entendais comme un refus de ma personne et même comme un rejet ! »

Construire et vivre en couple, c'est apprendre :

• à combiner des enjeux si mouvants qu'ils nous déstabilisent avec notre propre collaboration.
Il n'est pas aisé de négocier avec soi-même plusieurs désirs, de vivre des sentiments ouverts, de se confronter aux contradictions en miroir de l'autre ;

• à négocier sans cesse avec souplesse à l'intérieur de soi-même avec ses désirs :
« Je me sens habité par des désirs différents et souvent contradictoires. »
« Mes choix les plus difficiles sont à faire à l'intérieur de moi... »
« Quand je ne suis pas clair dans mes positions, j'ai tendance à projeter sur l'autre ma propre incohérence. Je lui attribue ainsi une difficulté qui est... chez moi ! » ;

• à vivre simultanément des sentiments multiples et parfois antagonistes :
« Je peux ainsi t'aimer et te détester, me valoriser ou me blesser sans cesse à la relation que tu me proposes et que... cependant j'accepte. »
« Je peux me sentir aimé et éprouver le sentiment douloureux que mon amour à moi n'est pas reçu... par toi. »
« Je peux aussi découvrir avec désespoir ou avec sagesse et clairvoyance que ce n'est pas toujours avec toi que je peux combler mon besoin d'échanges et de partages les plus vitaux. Je peux garder l'espoir que ce sera un jour possible » ;

• à se confronter aux mêmes phénomènes qui se développent en miroir ou de façon parfois anachronique... chez l'autre.

> Un des enjeux essentiels à la survie d'un couple réside dans l'alliance respectueuse et toujours réactualisée de deux libertés mouvantes.

3 – Responsabilisation et engagement

Accepter l'idée de n'être responsable que de mon extrémité de la relation, inviter l'autre à être responsable de la sienne, a été dans ma propre vie une révélation éblouissante. D'entendre que se respecter et respecter l'autre ne se jouaient pas dans l'intentionnalité, les efforts, les sages résolutions, les promesses et les excuses, mais essentiellement dans une mise en pratique concrète, à actualiser toujours au quotidien, de cette évidence : une relation a toujours deux extrémités.

Et je sais, dans ma chair, combien il est difficile de s'occuper de l'extrémité de la relation qui est la sienne quand tout notre conditionnement culturel, éducatif, familial nous invite ou nous incite à prendre en charge l'extrémité de l'autre. Quand les modèles moraux nous enjoignent de valoriser surtout l'abnégation de soi, la pseudo-compréhension et d'une certaine façon un faux respect de l'autre, ils contribuent à nous entretenir dans la complicité, pas toujours passive, d'une vaste conspiration du silence des mots, d'un déplacement sur les maux et de la dépendance au nom d'une ancestrale et sacro-sainte idéologie d'une soumission au lien.

Quand je mets en évidence cette première dynamique, de ne pas déposséder l'autre de son extrémité de la relation… je ne veux pas oublier combien nous sommes habiles aussi à ne pas nous occuper de la nôtre. Combien trop souvent en pensant pour et à la place de l'autre, nous gardons le possible d'un contrôle sur lui.

Quand je sais me définir, me différencier de toi... et oser te dire non, je commence à me respecter. Quand je sors de la peur d'être rejeté ou d'être abandonné, je peux lâcher le sentiment insupportable que c'est moi le mauvais.
Quand je prends le risque de découvrir que j'ai des ressources pour répondre à des besoins que je déposais sur toi... alors je peux devenir un partenaire à part entière, pour construire une relation pleine avec toi.

Il est important de souligner que tout le système relationnel dominant en Occident et en Orient consiste essentiellement à définir les autres ou à se laisser définir par eux, qu'il y a en quelque sorte une immense escroquerie relationnelle entretenue, valorisée et cultivée en ce sens.

Escroquerie dans laquelle se développe beaucoup de perversité latente qui semble obtenir le consensus aveugle de chacun. Se cultivent ainsi dépendances et soumissions, oppositions et affrontements qui sont les enfants naturels de ce système.

Un jour, peut-être, y aura-t-il un enseignement de la communication et des relations humaines à l'école ?

Un jour y aura-t-il une éducation à la conscientisation qui nous permettra de ne pas arriver infirme et handicapé de la relation dans la vie de couple ?

Un jour y aura-t-il un réveil devant l'urgence à ne plus vivre sur la planète TAIRE ?

Le plus difficile dans ces processus de changement sera de combattre non seulement nos propres conditionnements culturels, familiaux et sociaux mais aussi ceux de nos proches, de notre entourage le plus immédiat et donc bien sûr ceux de notre partenaire.

Dans beaucoup de couples le mythe de la « bonne » relation reste vivace.

« Il faut s'entendre. »
« Il faut que chacun y mette du sien. »
« Il faut que l'autre comprenne que c'est normal si je m'énerve… »
« Il faut savoir faire des compromis… »

Ah ! les fameuses concessions, qui dans un premier temps apaisent le risque d'un conflit et qui dans un second ne satisfont personne !

Je croyais te parler de moi en parlant sur toi.
Je croyais aussi que tu parlais de toi quand je te laissais parler sur moi.
Et dans ces dialogues indirects, je m'égarais à vouloir te rejoindre là où tu n'étais pas.
Tu te perdais à vouloir m'entendre là où je n'étais plus.

La notion de bonne relation fait souvent référence, implicitement, au dévouement, au don de soi-même, au sacrifice de l'un et pas toujours à celui de l'autre.

Des déséquilibres, des non-réciprocités et des dominances vont insidieusement s'incruster dans la trame ou la chaîne du tissu relationnel conjugal.

Le mot *s'entendre* est trop souvent synonyme de *se mettre d'accord* alors qu'il conviendrait de le comprendre dans le sens de s'écouter mutuellement chacun étant porteur de différences.

En fait, le plus souvent, l'un demande l'accord de l'autre pour tenter de le convaincre et le rallier à sa propre position. Les pseudo-acceptations, les soumissions, les non-dits vont s'accumuler et constituer les premiers signes de la pollution relationnelle du couple.

Ces pollutions finiront par entretenir et développer les forces d'éclatement dont il sera question plus loin. Elles seront parfois si importantes, si nocives qu'elles blesseront non seulement la relation mais les sentiments.

Si nous voyons la relation comme un double conduit de l'un vers l'autre, nous pouvons imaginer que ces conduits se bouchent et s'encrassent au point de ne plus laisser passer la sève des échanges.

La vitalité d'un partage sera fonction de la solidité du lien et cela rejoint la capacité à construire une fidélité.

> Toutes les rencontres aussi merveilleuses soient-elles ne se transforment pas en relation.
> Toute relation a une durée de vie, indépendante de la vie biologique.

> Chaque amour est unique, non interchangeable et cependant lié, alimenté ou altéré par la densité et la créativité d'une relation, par la qualité de la communication entretenue au rythme des rencontres.
> Sentiment, ressenti et relation sont étroitement reliés tout en étant extrêmement autonomes.

La fidélité dans le vécu d'un couple n'est pas une affaire de principe mais plutôt d'engagement.

Au-delà de l'engagement pris avec l'autre, le principal engagement que nous prenons en décidant de vivre en couple dans un projet de vie en commun est surtout à l'égard de soi-même, l'engagement intime qui se ramifie à d'autres engagements : affectifs, économiques et sociaux qui parfois la structureront et d'autres fois la maltraiteront.

La fidélité la plus durable semble s'appuyer sur la qualité du lien créé.

Elle paraît constitutive non seulement des gratifications reçues mais de l'anticipation et de la sécurité espérée dans le bien-être d'une relation.

Son ancrage principal me semble être une fidélité à l'égard de soi quand celui qui la vit garde le sentiment vivant de se respecter.

La fidélité dans un couple sera la rencontre, le heurt ou la complémentarité de deux fidélités personnelles.

> Je te jure de rester fidèle à cet amour que nous avons vécu.
>
> André Comte-Sponville

Je peux accuser ou mettre vraiment l'autre en cause, durant des années si :

- je n'accepte pas d'entendre ce qui est touché en moi, par son comportement ;
- je ne reconnais pas en moi ce qui est réveillé, et maintenu ainsi en souffrance ;
- je n'entends pas quelle est la blessure ancienne réveillée aujourd'hui par une parole, un comportement, une attitude de cet autre si proche ;
- je ne peux accepter l'idée que c'est bien moi qui tout à la fois l'ai choisi et ai accepté d'être choisi par lui... et de continuer avec lui.

- Et cela quoi qu'il ait pu faire, dire, ne pas faire ou ne pas dire !

Une anecdote récente illustrera à la fois l'importance et la difficulté à passer du **couple fusionnel** au **couple différencié** et éclairé en prenant le risque de vivre le **couple conflictuel.**

Un écrivain célèbre m'a invité tout dernièrement à partager un repas dans sa famille avec sa femme et ses enfants.

Durant cette rencontre, il m'a révélé combien j'avais été dans sa vie, même si je n'en avais jamais rien su, quelqu'un de haïssable, de détestable et aussi d'extrêmement important. Comme une sorte de repoussoir, de référence et un peu plus tard de guide.

« Il y a sept ans, me dit-il, si je vous avais rencontré, je vous aurais étranglé.

« Durant trois ans vous avez été ma bête noire, la personne que j'ai le plus haïe au monde, dont j'aurais souhaité l'inexistence, la disparition même !

« Mon épouse, ajouta-t-il, avait suivi des séminaires de formation avec vous. Elle lisait vos ouvrages et vous sembliez pour elle une référence absolue ! Chaque fois qu'elle revenait de stage c'était l'enfer pour moi. Elle mettait en pratique votre enseignement avec beaucoup (trop) d'enthousiasme ! Elle me récitait des trucs comme : "Je t'invite à ne pas parler sur moi, dis-moi plutôt ce que tu ressens." "Qu'est-ce qui est touché en toi quand je te dis non…"

« Chaque fois que j'utilisais le "on", elle reprenait, nuançait son projet, ses idées à elle. Elle utilisait dès lors une langue nouvelle et étrangère que je ne supportais pas.

« Elle s'affirmait comme ayant des désirs propres, parfois à l'opposé des miens… le comble !

« Elle se révélait comme ayant des opinions, elle qui auparavant ne m'aurait jamais contredit ni, surtout, contrarié.

« Elle, qui avait été pendant des années de "mon côté", aimante, librement soumise, compréhensive, soucieuse de me faire plaisir, préoccupée de ne pas me décevoir ou de me faire la moindre peine !

« Soudain, je la sentais aux antipodes de moi, avec le sentiment désagréable que je ne savais plus lui parler, que le maladroit, le salaud, c'était moi !

« Je ne la reconnaissais plus. J'avais devant moi un être différent qui échafaudait des projets pour elle, certains avec moi, d'autres sans moi.

« J'avais devant moi une femme qui osait me dire calmement, sans un mot plus haut que l'autre : "J'ai entendu ton désir mais ce soir je n'ai pas le même. Nous pouvons cependant nous câliner, rester proches…" Ce langage nouveau me terrorisait. Ces intonations, ces façons de faire me déstabilisaient, m'inquiétaient.

« C'était l'horreur absolue. Je vous dénonçais, je la disqualifiais, j'étais le plus souvent hors de moi !

« D'autres fois je lui criais : "Arrête de faire du *Salomé*. Tu t'es laissée endoctriner, tu t'es laissée *gouroutiser* par ce type !…"

« Je ne me reconnaissais plus. Moi qui suis relativement calme, courtois et en général pondéré, je sortais de mes gonds au moindre échange.

« Je dois vous avouer, m'a dit encore cet homme, avec un large sourire, que j'ai brûlé vos livres. Je faisais disparaître vos articles, je raturais avec des commentaires indignés vos points de vue sur le couple, les enfants, la relation au corps. Je ne voulais plus rien laisser passer de ce nouveau credo relationnel, qui m'était insupportable. Oui, vraiment, un soir dans un mouvement de rage, je les ai jetés dans la cheminée. Quel plaisir j'ai eu !

« Je vous ai mené ainsi durant deux à trois ans une guerre impitoyable, à elle et à vous. Chaque fois qu'elle ouvrait la bouche j'ironisais : “Salomé tu es là”, je discutais, j'argumentais avec brutalité chacune de ses prises de position.

« Je cherchais à détruire la moindre trace de ce que je croyais être une influence néfaste. Je dois vous l'avouer avec une certaine gêne, j'ai même écrit à une association de défense des familles pour signaler ce que j'appelais à l'époque “vos agissements pervers, perfides, malsains, pour déstabiliser la famille”. J'en ai été capable tellement j'étais désespéré et encore aveugle.

« J'avais aussi commencé un article, que je n'ai jamais terminé, où je tentais de vous amalgamer à ces sectes dont parlent les journaux.

« J'étais capable de tout, avec une mauvaise foi totale et sincère, car je me débattais dans des mouvements intérieurs incompréhensibles et ingérables ! Tout ce qui avait été si évident pour moi, avant que mon épouse ne se décide à se former aux relations humaines, se révélait caduc, inopérant, inadéquat. Je me sentais démuni, impuissant mais sans même oser me l'avouer, préférant rester dans l'accusation, dans la disqualification de l'autre, du gêneur et du mauvais. Et le mauvais, c'était elle et surtout vous.

« Cela dura plusieurs années, nous fûmes maintes fois au bord de la rupture, du déchirement. Tout semblait poser problème, le moindre échange se transformait en affrontements, en discussions sans fin et de plus en plus souvent en rejets. Et j'avais beau jeu d'ironiser, de tempêter, nous ressortions encore plus meurtris après nos tentatives d'échanges !

« "Si c'est ça le résultat d'une formation aux relations humaines !"

« Aujourd'hui, si je peux reconnaître combien j'ai été trop souvent au bord de la malhonnêteté, parfois violent et insensé, je le dois à la fois au courage de mon épouse, à sa persévérance et aussi à son amour !

« Plus la communication entre nous était mauvaise, plus ma femme valorisait notre relation. Plus nous nous heurtions et plus elle me rappelait "combien j'étais quelqu'un d'important pour elle, avec qui elle avait vraiment envie de vivre, de partager un projet de vie même si ce n'était pas dans le système relationnel que je lui avais proposé jusqu'à ce jour et qu'elle avait entretenu durant quelque dix-huit années" !

« Plus je combattais ses points de vue, plus elle confirmait les miens. "Oui, j'entends que c'est ton point de vue, que c'est cela que tu ressens pour l'instant."

« L'événement choc fut une rencontre avec mon fils Marc lorsqu'il eut quatorze ans. Il désirait une mobylette, dans la perspective d'un projet de vacances en Corse. Il avait économisé, mais avait besoin de mon accord pour concrétiser le tout.

« Quand il me fit part de son projet, spontanément, j'ai commencé par disqualifier son désir pour modifier son projet dans le sens de ce qui m'arrangeait ou pour l'orienter dans le sens inverse de ce qui me dérangeait.

« J'argumentais ainsi :

« “Tu n'y penses pas, maladroit comme tu es ! Tu crois que tu vas rester vivant longtemps avec une mobylette ? Tu ferais mieux de mettre tes énergies dans la course à pied et dans les mathématiques plutôt que dans cette idée ridicule.” Oui, à l'époque j'étais cet homme-là entier, sûr de lui, avec plein de certitudes et d'évidences… pour les autres !

« Marc tenait bon, restait sur sa longueur d'onde à lui et un jour où je n'arrêtais pas de parler sur lui, il me dit :

« “Papa, mon projet de mobylette et de vacances est chez moi, dis-moi ce qu'il déclenche en toi ! Parle-moi de toi, papa. Arrête de parler sur moi.”

« J'ai cru devenir fou, je me suis écrié, plein de rage :

« “Alors toi aussi tu fais du *Salomé* maintenant, toi aussi tu vas vouloir m'apprendre à communiquer !”

« Et mon fils Marc, avec un mélange d'émotion et de fermeté, avec une voix nouée, venant du fond de tout son être, m'a dit :

« “Ah non papa, tu fais déjà le coup de *Salomé* avec maman ! Ça fait des années que tu lui fais la guerre avec cela, que tu lui sors sans arrêt, *sa Salomêisation*, que tu agites en permanence un *Salomé épouvantail*, chaque fois qu'elle tente de te dire quelque chose d'elle-même.

« “Aujourd'hui, papa, entre toi et moi, *Salomé* n'est pas là. C'est moi qui te parle. Je te dis où j'en suis avec mes projets de vacances et de mobylette. Je t'invite à te définir, toi papa avec des mots à toi, avec ton ressenti à toi, sans te planquer derrière le fantôme de Salomé !”

« Ce ne fut pas terrible, ce fut un coup de tonnerre. Comme si le ciel se dégageait, que l'ombre devenait moins pesante. Comme si j'étais dégrisé d'un seul coup. Mon fils, par cette parole juste, par un positionnement clair, me montrait ce dont j'étais justement incapable. Oser me dire, parler de moi, exprimer mes sentiments réels, mes émotions. Témoigner de l'être réel qui est là, au présent devant son fils. Quelqu'un de consistant, avec qui on pouvait se confronter ! Avec qui il serait possible de parler, d'échanger, de partager.

« Cette phrase de mon fils Marc, c'était comme si je l'entendais pour la première fois, alors que Monique mon épouse me l'avait proposée dix mille fois. Ce fut comme un raz de marée qui bousculait tous mes schémas, qui me renouvelait, qui lavait tout.

« Une véritable révolution en moi se déclencha à partir de là. Et, le mot n'est pas trop faible, une renaissance.

« Je devins un autre homme dans mon travail, avec mon éditeur, avec mes amis, avec ma famille surtout…

« C'est pour cela que je vous ai invité ce soir, pour vous dire, non pas ma reconnaissance, car j'ai souvent failli me perdre, m'égarer dans ce que vous appelez "les règles d'hygiène relationnelle" mais vous dire combien je suis heureux qu'un homme tel que vous puisse exister et proposer sans relâche un travail d'éveil, de conscientisation et de responsabilisation dans les relations intimes. »

Je fus très ému d'entendre ces mots, d'obtenir de la part de cet homme cette écoute aussi proche de mes propres engagements. Cela me confirma la voie, la direction à prendre et les obstacles qui se présentent sans cesse sur le chemin d'un meilleur partage avec l'autre proche, avec soi-même.

J'ai cité longuement ce témoignage, qui illustre à mon sens de façon exemplaire à la fois les possibles et les difficultés d'une relation intime vivante, mouvante, chaotique. Il montre quelques-uns des avatars d'une relation de couple, si pleine de risques et de malentendus sincères, dans laquelle nous usons de tant d'habileté pour blesser l'autre ou nous-mêmes ! Pour accuser, agresser, disqualifier ou rester dans la plainte et la victimisation, pour parfois se rejeter mutuellement avec maladresse ou avec violence.

Toujours avec souffrance nous voyons chez l'autre la responsabilité de ce qui ne va pas !

Tant que nous n'avons pas compris et intériorisé l'idée qu'une relation essentielle se doit d'être respectée à chacune de ses extrémités.

Il en est toujours un qui espère, souhaite, attend, sollicite puis, en désespoir de cause exige… le changement de l'autre… en vain. Combien de fois ai-je entendu :

« Je voulais qu'il me parle de lui, qu'il se dise, qu'il partage avec moi ses idées, son ressenti, ses perceptions ou son sentiment dans telle ou telle situation de la vie… Je me suis usée durant vingt-deux ans à vouloir le faire parler ! Aujourd'hui je renonce. Je ne supporte plus ma propre agressivité à son égard, je me déteste avec toutes mes plaintes, mes reproches, mes aigreurs.

« Il est tombé des nues quand je lui ai fait part de mon intention de divorcer. Lui, il croit que c'est lui que je quitte ! Non, je me sépare de cette image invivable de moi-même, avec laquelle je ne veux plus cohabiter. Je ne m'accepte plus avec ma victimisation permanente. Je me sais autre avec des joyeusetés et des vivacités qui ne demandent qu'à être réveillées… »

Dans une séparation, ce n'est pas l'autre que nous quittons malgré les apparences, c'est la part de nous-mêmes avec laquelle nous ne voulons plus vivre.

Il faut savoir qu'aujourd'hui ce sont les femmes qui demandent le divorce dans 70 p. 100 des cas. Ce sont elles qui ne se contentent plus de laver, de repasser, de faire la cuisine, d'élever les enfants mais qui veulent un partenaire à part entière, avec qui échanger, partager, s'agrandir.

Se séparer, c'est tenter désespérément de réussir ce qui a été raté.
Oser s'entendre enfin dans le respect, pour pouvoir se quitter sans se blesser ou se détruire, c'est rester chacun entier.

Il est des jours

Il est des jours où
il est si difficile de se dire !
Il est des jours où il semble impossible d'être entendu.
Oh ! non pas d'inconnus ou d'étrangers
mais justement de ceux qui me sont proches,
de ceux aimés et aimants, du moins, le disent-ils,
qui partagent ma vie et l'intime de mon quotidien.
Il est des jours où
ce que je te dis te déstabilise, ce que j'entends m'insécurise…
Il est des jours où
je te perds dans une simple parole
mal entendue, qui ne rejoint ni
ta longueur d'onde émotionnelle,
ni ta sensibilité du moment.
Il est des jours où
je déclenche sans le savoir
une série de réponses stéréotypées,
de justifications, de condamnations
qui semblent sans appel.
Il est des jours où
je me sens jugé, étiqueté, diminué et sans valeur.
Il est des jours où
je fonctionne aussi comme toi.
Et le plus terrible
est que je ne m'entends pas le faisant.
Que je le découvre plus tard, trop tard,
quand tous deux, exténués,
ne gardons au plus précieux de nous,
que notre silence.
Quand nous nous accrochons à nos refus

comme à une bouée,
ultime protection contre la panique de se perdre.
Il est des jours où
tu sors de moi et où
je sors de toi,
meurtri, abasourdi, désespéré.
Il est des jours où
après nos échanges stériles, dévitalisants,
nous nous perdons, chaque fois un peu plus.

Il est des soirs où je ne sais plus où
te retrouver.
Il est des matins où
je déteste cette solitude à deux
qu'on appelle une relation proche.
Il est des jours... seulement des jours.
Alors je m'appuie sur tous les autres jours,
des jours à inventer chaque jour, toi et moi
pour construire ensemble un avenir à deux.

> (Comme mère) [...] Nous voulons toutes que les hommes changent, mais nous les élevons de telle sorte que nous reportons sur les futures femmes de leur vie la tâche de les transformer.
>
> DENISE BOMBARDIER

Ce qui est permanent, c'est le changement.

JOSIANE DE SAINT PAUL

Chapitre 3

Forces de cohésion et forces d'éclatement dans le couple

Tout couple est un système complexe et un organisme vivant qui en tant que tel a une existence spécifique. Il ne peut se réduire à la simple somme des désirs et des spécificités des êtres qui le composent. Il est quelque chose de plus que la seule addition des particularités de chacun de ses membres. Ainsi il possède des caractéristiques et des lois qui lui appartiennent en propre. Il est soumis à l'effet de sources de perturbation d'origines diverses aussi bien internes qu'externes, auxquelles il doit s'adapter, se plier ou se dégager et donc à des champs de forces opposées et antinomiques ou contradictoires. Les unes œuvrent dans le sens de la stabilité, de la fusion, du maintien de la permanence, du familier, de la sécurité et du connu. Elles visent à fortifier, à consolider et à renforcer le lien. Ce sont les **forces de cohésion.**

Les autres conspirent contre cette union. Elles la mettent à l'épreuve, la brutalisent, la déséquilibrent et la désorganisent. Elles sont au service du changement, du besoin d'autonomie, d'individuation et d'indépendance de chacun des partenaires. Ce sont les **forces d'éclatement.**

C'est cette double polarité fonctionnelle entre forces de cohésion et forces d'éclatement qui constitue la motrice du mouvement, de la dynamique et de la vitalité du couple. Son équilibre ne peut qu'être fragile, précaire et instable. Son évolution nécessite des transformations et des aménagements de la relation qui vont parfois confirmer la solidité du lien et parfois au contraire conduire à sa dissolution.

1 – Forces de cohésion

Dans un couple, les partenaires qui veulent s'engager dans la durée, vers de plus en plus d'intimité, prendront appui sur la mise en pratique d'une règle d'hygiène relationnelle importante.

Plus une communication est intime, moins les mots et l'échange oral sont suffisants pour communiquer.

Il leur appartiendra donc d'utiliser d'autres langages que les langages verbaux qui sont à leur disposition pour pouvoir se rencontrer et parfois s'entendre dans une relation proche.

Je rappellerai quelques-uns de ces langages, qui sont utilisés la plupart du temps de façon occasionnelle ou empirique et qui devraient pourtant être reconnus comme indispensables à la bonne circulation des échanges.

Langage des émotions

Les émotions constituent le mode de partage privilégié du retentissement.

Chaque fois qu'un événement, une parole, une attitude ou un comportement résonne et retentit, il remet à jour, réveille une tranche sensible de notre histoire, ou restimule une situation inachevée. L'émotion correspondante remonte à la surface du présent. Bulle de mémoire enclose dans le refoulement, le non-dit, le silence ou les cryptes du corps et qui émerge avec des pleurs, se révèle avec des rires ou se crie avec des tremblements, des soubresauts et des flots d'émois incontrôlables. Les émotions sont bien à entendre comme des langages.

Quand j'entends l'un ou l'autre dire : « Je suis trop sensible, je ne sais pas contrôler mes émotions », je crois qu'il s'agit d'un véritable malentendu. Le partage proche, la relation intime, la proximité et la cohabitation de deux êtres vont réveiller, remettre à jour beaucoup de situations du passé. Ce sera l'ex-enfant humilié, blessé, confiant ou enthousiaste qui est ainsi remis au jour par une parole, un geste, un événement. La capacité de plus en plus ouverte des membres d'un couple à entendre l'émotion comme un langage sera un gage supplémentaire de la richesse de la mise en commun.

Langage des énergies

Le concept d'énergie est encore mal intégré en Occident. Il est rarement considéré comme un langage, avec lequel nous envoyons des messages positifs ou négatifs à notre environnement immédiat. Langage, avec lequel nous polluons ou laissons polluer une relation vitale ou essentielle.

Pourtant, combien de tensions, de blocages, de fermetures ou de replis sont engendrés par notre trop grande perméabilité, peu conscientisée à des champs vibratoires composés d'énergies négatives ? Combien aussi de projets, de réalisations, d'enthousiasmes et d'élans sont-ils suscités par l'apport d'ondes énergétiques positives captées chez l'autre… et amplifiées par celui qui sait, qui peut les recevoir là aussi ; la promiscuité mal entendue ou bien gérée dans les relations proches peut engendrer ouverture ou fermeture au meilleur de soi.

Quand l'un soupire ouvertement ou plus directement, « il me pompe l'air avec ses demandes ou ses attentes », il dit bien ce qui est en jeu. Ce sera l'oppression consécutive à un manque d'espace, de temps, à la répétition routinière des mêmes gestes ou scénarios de vie.

Il y a des relations énergétivores comme il y a des relations énergétigènes[1] qui nous saturent et nous rétrécissent dans un cas, nous glorifient et nous agrandissent dans l'autre.

1. Qui engendrent de l'énergie.

Lettre à un Homme Tendresse… à venir

Sauve qui peut…
ma tendresse amoureuse
ne trouve pas preneur car
il est pressé, occupé.

Ma tendresse, j'aimerais la donner
à qui aurait le temps de la recevoir.
C'est un cadeau.
C'est comme un repas fin
préparé avec amour
et que l'on peut savourer,
seulement si l'on est présent
tout entier
dans le moment de dégustation
d'un bonheur précieux.
Je suis pourtant gourmande
et tendre avec moi, mais…
partager me manque…
Souffrance du désir,
désir qui reste désir.
Souffrance douce,
rêve qui n'appartient qu'à moi.
Pas besoin d'énergie, cela se fait tout seul
et mes pensées reviennent à lui, par à-coups,
incidemment, souvent.
Rêves et réalités très douces,
lorsque je suis avec lui trop rarement.
Étreintes chaudes et vivantes
à l'heure des retrouvailles.
Bisou sur la joue,
une fois dans le cou, plus près encore…
Il m'arrive de le recevoir avec tant d'étonnement,

que je ne le réalise... qu'après.
Souffrance heureuse du désir,
merveilleuse souffrance
fiévreuse d'attente...
Je sais qu'il y a des hommes tendresse à venir.
S.C.

> Quand tu me parles vrai, j'ai le cœur transpercé de toute la beauté de toi, avec le sentiment de pouvoir aller vers le meilleur de moi.

Langage de l'imaginaire et du symbolique

Pouvoir partager son imaginaire et apprendre à ne pas le confondre avec le réel, c'est agrandir les possibles de l'échange au travers d'une confiance et d'un abandon, par l'ouverture éblouissante sur le rêve et la fantaisie.

Ce mode d'expression prend appui sur le sentiment de sécurité qui m'habite quand je ne me sens pas rejeté, disqualifié ou minimisé dans l'expression de mon imaginaire, d'un ressenti ou d'une perception intime et personnelle.

Quand je me sens habité, confirmé, validé, à partir d'un vécu qui peut être entendu, surtout s'il est différent de celui de la personne proche, l'intimité ainsi créée est comme un levain à nos échanges.

Ces conditions de base favorisent une ouverture, un espace relationnel plus riche, plus nourricier, plus créatif.

« Quand je te dis que j'aimerais avoir une maison à la campagne et que tu me réponds que nous avons déjà du mal à payer le loyer de notre F3, je ne me sens pas entendue ! »

« Avec mon imaginaire je te dis le plus souvent le trop-plein de moi.

« Je ne veux pas te convaincre, mais simplement te faire partager mes ressentis, mes interrogations, le cheminement de mes sentiments… si différents des tiens parfois ! »

« Je n'attends pas une adhésion à ce que j'exprime mais seulement une écoute.

« Et surtout une reconnaissance, c'est-à-dire une confirmation que ce que je vis m'appartient… »

Une relation de couple s'amplifie quand le symbolique circule entre les partenaires, c'est-à-dire que les objets, les gestes, les attitudes ou les paroles prennent sens et contribuent à réunifier une situation éclatée ou à réconcilier des divergences.

« Je te sais gré de ne pas t'être moqué de moi quand j'ai symbolisé mon désir d'enfant avec une poupée.

« Je me suis ainsi sentie reconnue avec ce désir en moi, même si toi tu n'avais pas le même. »

« Quand j'ai pu rendre à ma mère sous forme d'un paquet symbolique toutes les angoisses qu'elle avait déposées sur moi, j'ai senti que je t'en faisais moins porter la charge et le poids. Notre relation s'en est trouvée allégée, elle est devenue plus ouverte, moins tendue. »

« Depuis que j'ai pu parler à mon père, lui dire et lui donner au travers d'une petite sculpture que j'ai faite spécialement, tout l'amour que j'avais pour lui, moi qui croyais le détester, je ne me reconnais plus. J'ai moins besoin de vérifier tes sentiments, d'exiger des preuves d'amour de ta part. Oui, je te fais moins la guerre avec mon angoisse et mes doutes sur ta capacité à m'aimer ! »

En effet, le fait de pouvoir libérer des territoires, des malentendus, des non-dits en amont (vers les parents) permet de s'ouvrir au recevoir dans le présent de la relation conjugale.

Langage du toucher et de la proximité bienveillante

La recherche de la proximité, du contact avec un être aimé, proche, le possible de la liberté de se toucher, de se caresser, de s'étreindre sans menace ou obligation est une des richesses et un des plaisirs flamboyants d'une vie en couple.

S'approcher, s'appuyer, se lover, se blottir sans réserve est le cadeau permanent offert à l'acceptation et à l'amplification de l'autre.

La complicité des gestes, des peaux, des regards est si forte parfois, si intense, si lumineuse et si fluide qu'elle crée une sorte d'aura de bien-être et de confiance autour de certains couples en harmonie.

Une présence, un contact, un toucher qui ne s'imposent pas, n'enlèvent rien, ne violentent en rien, ne brusquent en rien celui ou celle qui le reçoit[1].

Combien de femmes *payent en relations sexuelles imposées* leur besoin de tendresse ?

Combien se sentent obligées de porter, de choyer ainsi le manque d'un ex-petit garçon ou, car ce peut

1. Voir Jacques Salomé et Sylvie Galland, *Aimer et se le dire*, Montréal, Éditions de l'Homme, 1993.

être le cas, combien d'hommes doivent prendre en charge l'appel sans fin d'une ex-petite fille qui s'est sentie abandonnée ?

La rencontre possible des corps à partir des sexualités éveillées est bien le critère absolu qui différencie la relation de couple de toute autre forme de relation.

Les blocages, les fermetures, les refus qui naissent et se développent parfois durablement chez certains couples sont davantage le résultat de ratés dans la rencontre des corps que d'une incommunicabilité.

Les malentendus dans les rapprochements sensuels et sexuels ont pour origine des blocages et des refus et ne sont pas comme beaucoup de partenaires le croient l'expression d'une défaillance ou d'un changement dans les sentiments. Les langages du corps sont sollicités en permanence dans une vie de couple, aussi est-il essentiel de les entendre et de les évoquer en tant que tels et d'en préciser la sensibilité, la richesse et l'éclat. On lustre bien les meubles ! On astique bien les cuivres ! On peut aussi donner des soins, des attentions, des marques de tendresse aux gestes du quotidien. On peut sortir de l'enfermement lié à la routine, à la répétition mécanique.

Le langage du toucher peut s'apprendre. Toucher, caresser, effleurer, masser, donner sans prendre, offrir sans imposer, s'approcher sans s'approprier : tous ces gestes agrandiront les possibles d'un couple, nourriront sa vitalité propre.

C'est en acceptant de mettre en jeu tous ces claviers qu'une harmonie conjugale peut se créer.

Encore faut-il entendre ces quelques repères non comme des recettes, mais comme des invitations à emprunter de nouvelles routes, à avancer sur des chemins à explorer.

Être le compagnon, la compagne d'un être aimé, aimant, c'est justement l'accompagner, puis partager au-delà du pain, des ressources et des richesses pour à la fois découvrir des limites et agrandir des potentialités.

Une vie de couple construit sa propre durée, engendre son propre épanouissement, suscite chaque jour le choix de poursuivre ensemble.

Une vie de couple est un cadeau dans le sens où elle invite à une remise en question continue pour se dépouiller d'habitudes et de certitudes, pour s'ouvrir à la découverte de l'imprévisible.

Dans une tentative d'échange, ce n'est pas l'indicible qui est le plus difficile, c'est l'irrecevable du dire, quand les mots sont rejetés, refusés ou niés par celui à qui ils sont destinés.

Communiquer le plus librement possible ensemble et être clair avec soi-même

Communiquer veut dire mettre en commun. Ce qui est très différent, je le rappelle, de vouloir s'entendre, d'être d'accord, d'éviter les conflits et les affrontements.

Cette mise en commun vivace, essentielle, stimulante, créatrice de bien-être et d'abandons oblatifs obéit à quelques principes élémentaires à base de règles d'hygiène relationnelle et se construit à partir de quelques outils concrets. La mythologie d'un spontanéisme « normal », naturel ou évident, le recours à de bonnes intentions et même à de bons sentiments ne sont pas suffisants pour inscrire une communication nourricière, stimulante, qui irrigue toute la relation, cette sève de la vitalité du présent, du futur proche et même plus lointain d'un couple.

Les forces de cohésion s'appuieront donc sur des outils pour mieux communiquer. Le support le plus précieux en sera également le temps. Se donner du temps pour échanger, partager, s'entendre à partir de nos vécus personnels. L'invitation, la sollicitation à parler ne devra pas s'apparenter à une exigence, à une pression, à des reproches : *« Parle-moi de toi, tu ne dis jamais rien. »*

La principale plainte leitmotiv des femmes aujourd'hui porte sur le silence frustrant ou irritant et même le refus de s'exprimer de certains hommes.

> L'imaginaire peut être le réel de demain.
> Encore faut-il qu'il possède une puissance extrême pour ne point s'égarer en chemin ni dans l'immense espace au-dedans de nous-mêmes. Il perd ses franges trop fragiles ou sa pulpe trop vulnérable mais sa moelle résiste aux pressions, aux acides et atteint notre part essentielle. Créé par nous, il quitte, s'envole, nous revient, nous le formons et le transformons, il donne un sens à notre existence et nous lui donnons la vie.
>
> ANNE PHILIPE

« Il ne parle pas, pour lui tout va bien pourvu que je sois là… »

« Nous n'échangeons pas trois mots par jour, je n'ai jamais pu avoir un échange en réciprocité. Et quand je tente de me dire, je sens qu'il n'est pas réellement là… »

« Il m'arrive de l'agresser, de le provoquer pour lui faire dire deux mots, pour l'obliger à me parler… »

Cette parole qui semble impossible, bloquée, interdite chez certains hommes pour tout ce qui touche à l'intime d'eux-mêmes, au ressenti, au vécu ou aux émotions, est à l'origine de la carence et de la difficulté la plus fondamentale, me semble-t-il, des couples d'aujourd'hui.

Il faut du temps, beaucoup de temps, pour créer une intimité harmonieuse.
Il faut beaucoup de temps, beaucoup d'amour et de patience pour apprivoiser l'intimité parfois proche, d'autres fois lointaine de l'autre.
Il faut beaucoup de temps, beaucoup d'amour et de lucidité pour savoir se respecter et pour reconnaître au-delà de nos intolérances les possibles fragiles et vulnérables, les émerveillements luminescents qui nous traversent, fugaces, et les ancrages qui nous habitent, durables.

Le manque d'échanges et de partages verbaux est une avitaminose du couple contemporain. Et le décalage semble s'accentuer entre les femmes, qui se sont mobilisées pour conquérir leur place et qui ont retrouvé le plaisir et la puissance d'une parole à elles, et les hommes de plus en plus silencieux, enfermés dans la consommation d'images télévisuelles ou absorbés dans l'activisme sportif, dans le bricolage ou dans l'agitation politique.

Mais comme me le criait presque, un soir de conférence à Hull, une Québécoise : « Peut-être faudra-t-il un jour que les femmes s'ajustent aussi aux langages privilégiés des hommes qui sont au-delà des mots. Pourquoi faudrait-il que ce soient les hommes qui s'adaptent en permanence aux langages et aux exigences des femmes ? »

La fameuse écharpe relationnelle, dont j'ai déjà parlé dans toutes mes conférences et qui symbolise la relation entre deux êtres, peut être un support efficace à la circulation d'une parole différenciée.

Les forces de cohésion se construiront dans un premier temps à partir de la désagréable et difficile découverte qu'une relation a deux extrémités… et de l'idée que je peux apprendre à être responsable de mon extrémité.

Chacun des deux s'imposera (oui, s'imposera, car ce n'est pas facile à mettre en pratique) de ne pas parler sur l'autre, de ne pas le laisser parler sur lui.

Combien, dans une relation proche, il est difficile de ne pas penser à la place de l'aimé, de l'aimant !

Combien il est délicat de l'inviter à ne pas penser pour nous, de ne pas le laisser faire à notre place !

Combien il est ardu de ne pas se laisser définir par les peurs, les désirs, les besoins, les attentes de l'aimée, de l'aimant !

Combien il est hasardeux de prendre le risque de renoncer à l'approbation ou à l'accord de l'autre chaque fois que l'enjeu est vital pour celui qui s'exprime ou se définit !

Supplique à un homme qui existe peut-être

N'aie pas peur de ma violence,
Écoute ! Ce sont les cris de ma souffrance,
le chant de ma désespérance.
Mes cris d'amour à moi,
sont cette déchirure,
et cette blessure,
tapies tout au fond de mon corps
qui saigne encore.
Non ! ne te fâche pas, ne fuis pas,
ne hurle pas.
Prends-moi plutôt dans tes bras,
berce-moi tout contre toi,
et tu verras
comme je saurai alors
m'enrouler au pays de ton corps.
Serre-moi très fort,
murmure-moi que tu m'aimes encore.
J'ai tellement besoin
que tu retiennes ma main,
que tu apaises ma désespérance.
J'ai trop souvent
serré les dents,
assassiné mes illusions,
souffert... plus que de raison.
Aussi, je t'en prie,
écoute mes cris, et tu pourras ainsi
me rendre le droit à la vie.
Ce droit qui m'a été refusé
Dès mon premier cri de bébé.

Arlette Jeskowiak

> La réalité a besoin de rêve pour devenir vraie.
> Elle a besoin de créativité et de renouveau pour devenir pleine de son poids de vie.
> Elle a besoin de durée pour goûter à un peu d'éternité.

Communiquer le plus librement possible ne signifie pas pour autant « tout dire à l'autre ».

La communication libre se situe à mi-chemin entre « taire » et « imposer ». Entre « ne rien dire » et « tout se dire », véritable déversoir sur l'autre transformé en décharge publique ! Trop souvent la relation perd de sa vitalité, de sa mobilité, de sa fantaisie quand elle est le seul espace de « vidange » des pollutions propres à chacun des partenaires du couple.

Est-ce que je sais préserver cette relation des énergies négatives accumulées sur mon lieu de travail ?

Ou est-ce que je considère que l'autre est là pour recevoir mes doléances, entendre mon réquisitoire contre mes collègues, mon directeur ? Est-ce que je l'accueille en l'interrogeant sur sa journée de travail ou est-ce que je peux attendre qu'il me dise ou… ne me dise pas ? Est-ce que je me sens entendu ? Est-ce que je sais écouter à mon tour ?

Est-ce que je fais payer à mon amie la « chance » qu'elle a de vivre dans une famille unie, alors que je souffre encore tellement de la séparation de mes parents ?

Les forces de cohésion trouveront aussi un appui sur la cohérence interne de chacun des partenaires du couple. Elles seront renforcées par les possibilités de positionnement et d'affirmation de chacun. Comment en effet être clair avec l'autre sans être clair d'abord avec soi-même ?

Autrement dit, plus nous serons centrés sur nous, différenciés, autonomes, libres et indépendants, plus nous serons capables de proposer à l'autre une relation créatrice et consistante sans être rigide, c'est-à-dire à base de désirs et d'apports mutuels.

Il sera bon d'apprendre à clarifier ses propres contradictions, tiraillements, enjeux et attentes personnelles plutôt que de prendre l'habitude de tenter de les « refiler » à l'autre ou de les faire assumer par lui. Cette pratique d'hygiène personnelle nous aide grandement à sortir des pièges relationnels, de la spirale parfois infernale des répétitions, des accusations, des conflits et des culpabilisations.

Dans le vécu intime, les besoins de chacun des partenaires se jouent à différents niveaux. Il s'agira de les entendre comme tels, dans leur complexité, qu'ils soient ambivalents, contradictoires ou même paradoxaux, c'est-à-dire organisés sur le modèle de la double contrainte ou du double message.

Je risque d'être ambivalent quand je suis partagé et tiraillé entre deux tendances différentes et opposées qui cohabitent en moi, malgré moi. Parfois, faute de reconnaître ce conflit à l'intérieur de moi, je vais le projeter sur l'autre et lui en vouloir, lui adresser des reproches, l'agresser. L'issue d'un tel conflit intérieur va devoir passer par un choix à faire, par une décision à prendre et donc par un renoncement. Parfois, si je n'arrive pas à me décider, le choix s'imposera à moi de l'extérieur.

Le paradoxe ou la double contrainte est plus ambigu et correspond à la présence simultanée de propositions incompatibles, qui ne peuvent être vraies et réalisables en même temps, car elles se repoussent l'une l'autre. Certaines demandes d'amour sont fondamentalement paradoxales et chacun gagnera en disponibilité et en maturité à savoir entendre ces enjeux. C'est le cas quand l'un des deux partenaires s'acharne à demander à l'autre ce que justement il ne peut donner. Quand l'un attend de l'autre justement qu'il soit autrement qu'il n'est. Qu'il change, qu'il ne reste pas comme il est, qu'il arrête de penser à ce qu'il pense, de faire ce qu'il fait. Quand il lui intime l'ordre d'être libre. Rien de pire le plus souvent que ces injonctions terrifiantes et menaçantes, sous leur apparence pseudo libérale : « Fais ce que tu veux ! »

Parfois aussi l'un quémande explicitement et avec insistance des attentions, une reconnaissance, une complicité, une intimité qu'à la fois il redoute, refuse ou ne parvient pas à croire possible. Les attentes, les revendications et les plaintes officielles vont tourner autour du besoin d'être aimé, mais comme elles sont suivies en même temps de la hantise que l'abandon ne succède à l'amour, le désir implicite mais néanmoins le plus puissant sera donc en même temps de ne pas être aimé.

> Ce qui est dit n'est jamais entendu tel que c'est dit.
> Une fois que l'on est persuadé de cela, on peut aller en paix dans la parole.
> Sans plus de souci d'être bien ou mal entendu, sans plus d'autre souci que de tenir sa parole au plus près de sa vie.
>
> CHRISTIAN BOBIN

Face à un tel paradoxe, aucune réponse ne pourra être véritablement satisfaisante ou suffisante.

Elle ne répondra jamais qu'à un seul niveau de la double contrainte.

Le paradoxe crée la confusion chez l'autre et génère des comportements d'autosabotage. Je me sentirai soit mal aimé et insatisfait dans ma quête d'amour absolu, soit aimé et en même temps paniqué à l'idée de perdre l'autre. Et je serai en grande difficulté de m'engager dans une relation stable. Le sabotage relationnel est parfois une activité à temps plein chez certains conjoints.

Je pourrais ainsi rappeler bien d'autres repères qui me paraissent aujourd'hui des points d'ancrage indispensables pour arrimer sur des bases sûres une relation au long cours. Je renvoie, sans relâche et sans me décourager, aux ouvrages dans lesquels j'ai développé cette nouvelle grammaire relationnelle que je souhaite voir un jour être enseignée dès l'école.

Chacun prendra le risque de ne pas l'appliquer ou se donnera les moyens d'y entrer dans l'espoir de s'y confronter et de vivre des relations saines.

La vie en couple entraîne nécessairement, même si ce n'est pas toujours reconnu[1], une meilleure connaissance de soi et en particulier de ses attentes, de ses apports et de ses zones d'intolérance par rapport à une relation de continuité.

1. La peur d'être aimé habite plus d'hommes et de femmes qu'il ne paraît. Beaucoup d'ex-enfants ont inscrit très tôt dans leur corps qu'il pouvait être dangereux d'être aimé par papa ou maman, puisque cela déclenchait une menace, une colère, un rejet implicite ou explicite de la part… de l'autre parent.

Être clair avec soi-même, ce sera aussi être capable de réactualiser ses choix de vie et ses engagements tout au long du devenir de la relation.

Savoir demander

« Où est-il le temps des demandes légères, où tu ne désirais que ce que je voulais ? Sans réserve alors, j'adhérais à tes attentes. »

POÈTE AFGHAN

> Oser des demandes directes… c'est simplement prendre le risque de la réponse de l'autre.
> Vous êtes libre de votre demande… l'autre l'est de sa réponse.
> Oser sortir des vieux modèles… toujours à l'honneur dans les pratiques relationnelles intimes ou sociales, où nous voulons que l'autre… comble notre demande, sans réticence, avec plaisir et précipitation.

Voici la description de quelques demandes... qui n'en sont pas.

La demande accusation : C'est toujours comme ça, quand je demande, tu n'es jamais d'accord... Oh ! toi, en dehors du football, il ne faut rien te demander...

La demande plainte : Ça fait quinze jours qu'on n'est pas sortis. Il y en a qui trouvent pourtant le temps quand ils veulent !

La demande revendication : Moi, j'en ai assez de la lessive et du ménage, alors je te demande de me sortir un peu, sinon je ne tiens plus le coup !

La demande indirecte : Tu as vu les voisins, eux ils sortent le samedi soir !

La demande culpabilisation : Si tu crois que c'est marrant de rester toute la journée sans voir personne, alors que toi, tu...

La demande piège qui laisse croire à l'autre que c'est lui qui a un désir : Tu n'as pas envie de sortir ce soir ?

La demande réponse anticipée : Ce n'est même pas la peine que je demande de sortir, car je connais la réponse !

La demande disqualification : Si c'était un autre qui demandait, tu dirais oui tout de suite.

La non-demande : Je ne peux pas te rappeler que c'est mon anniversaire et que j'adore les roses... car je voudrais que tu te le rappelles tout seul... sans que je te le demande.

Il y a aussi des demandes hyper-silencieuses issues des attentes implicites : Puisque j'ai fait ça pour lui... c'est normal qu'il ait l'idée de faire la même chose pour moi. C'est la moindre des choses.

Donc, j'attends sans rien demander, et toute mon attitude est une attente silencieuse et culpabilisante.

Et bien d'autres demandes encore, car nous sommes souvent **experts** dans l'art de **saboter une demande.**

Reste alors :

La demande ouverte, qui est une véritable proposition, une invitation, un don possible... qui ne présuppose pas la réponse de l'autre.

La mémoire vivante de chaque instant vécu reste un cadeau plein de surprises.

Le surgissement au fil des ans de l'une ou l'autre de ces traces précieuses ou douloureuses reste une source d'émerveillements renouvelés, de gratitudes infinies ou de blessures tenaces.

2 – Forces d'éclatement ou de dissociation

Les forces d'éclatement dans un couple ont plusieurs origines : la difficulté à découvrir et à admettre que les besoins et les processus profonds qui caractérisent l'organisation de la personnalité d'une femme et d'un homme, d'un homme et d'une femme, sont la plupart du temps fondés sur des principes de type antagoniste en ce qui concerne la mise en commun et le partage.

Archétypes modèles

Au-delà des variantes culturelles et des rituels qui structurent les relations amoureuses, une des différences quasi universelles spécifiques de la dynamique des femmes et des hommes s'évalue à la manière dont les uns et les autres parlent de l'amour, de leurs rêves et de leurs expériences[1]. Les femmes privilégient les relations entre les personnes, tandis que les hommes privilégient le rapport à l'objet.

Les femmes communiquent entre sujets avant de communiquer à propos des objets alors que les hommes échangent d'abord à partir d'objets.

Les paroles types, support de l'échange entre la petite fille et sa mère, laissent la place à deux personnes qui se parlent, qui communiquent des messages à base de sentiments et d'attentions.

Elles seront du genre « Maman, je voudrais venir avec toi… que tu me serres dans tes bras… je peux te coiffer ? Comment c'était quand tu étais petite ? »

C'est dans la réponse obtenue que les choses se gâtent ! Le besoin d'échange est supplanté par des exigences et des injonctions sur le mode impératif.

« Laisse-moi tranquille ! Range tes affaires ! Tu ferais mieux de venir m'aider plutôt que de regarder la télé ! Tu perds ton temps à lire ! Fais attention aux garçons ! »

Faut-il voir ici l'origine de cette tendance de la femme à croire qu'elle sera plus aimée si elle fait plaisir, si elle ne déçoit pas, si elle entre dans les attentes de l'autre ?

Plus tard, les adolescentes rêvent davantage de partage de sentiments, d'échange d'amour avec un partenaire que de maternité.

1. Luce Irigaray, « L'amour : entre passion et civilité. Enquête et recherche théorique sur le discours d'hommes et de femmes de langues, cultures et religions diverses », dans le *Journal des Psychologues*, octobre 1990.

Le petit garçon dit plutôt : « Je veux jouer au ballon… je veux une petite voiture. Je serai navigateur ou garde forestier. »

Il parle de possession d'objets, il se définit dans le faire, dans le désir d'avoir et dans la maîtrise et le contrôle des idées.

Les adolescents rêvent plus d'exploits érotiques et de conquêtes et peu de partages entre les personnes.

La principale différence entre les hommes et les femmes se résumerait-elle dans le rapport privilégié de la femme avec **l'être** et dans le rapport de l'homme avec **l'avoir** ?

Cette dynamique antagoniste et complémentaire qui peut se vivre sur un double mode – entre hommes et femmes – va donc structurer de façon très spécifique la relation au monde et la manière d'être face aux autres du garçon et de la fille.

Libre choix, plaisir, obligations et devoirs

Chez l'homme, beaucoup d'attitudes et de comportements dans la réalisation d'un projet sont fondés sur la dynamique du libre choix et du plaisir à faire.

• « C'est bien moi qui ai fait le choix de me lancer à corps perdu, depuis six ans, dans la rénovation de ce chalet mais j'y arriverai bien tout seul ! »

• « J'ai consacré plus de huit mois à l'aménagement du grenier, à créer une salle de jeux pour les enfants. »

• « J'ai planté tous les arbres de ce jardin et coulé cette dalle sans aucune aide extérieure, il y a 100 mètres cubes de béton là-dedans ! »

• « J'économise et je travaille même le week-end à aider un pompiste, pour acheter une maison à la campagne où nous pourrons aller tous vivre heureux ! »

Tout cela, cet homme l'a projeté, mis en route, réalisé ou construit la plupart du temps, en prenant son temps, en éprouvant satisfaction et plaisir à chacune des étapes de la réalisation. Il a ressenti de la fierté devant le résultat obtenu. Il en a parlé ensuite longtemps, l'a montré aux amis, a palabré sur les difficultés rencontrées et la jubilation face aux obstacles traversés et surmontés. À l'heure de son feuilleton préféré, il n'hésitera pas toutefois à interrompre son travail, à laisser sur place les clous et le marteau, puis à reprendre au moment de son seul choix le labeur de titan qu'il s'était librement imposé.

Certains croient pouvoir construire ou restaurer des bonheurs comme on construit ou restaure une maison... Ils passent d'ailleurs beaucoup de temps à construire ou à restaurer des maisons.

Dans cette dynamique du libre choix et du plaisir, il est capable d'abattre un travail fou, de passer des heures sur son ouvrage, de s'investir à fond dans la restauration d'une vieille ferme, d'un appentis… Il y dépense beaucoup d'énergie, qui lui revient sous forme de gratifications visibles, concrètes, palpables et surtout durables. Il aura tendance à assimiler ce qu'il fait, réalise ou entreprend à ce qu'il vaut.

Je suis ce que je fais semble être une injonction existentielle pour certains hommes.

Et quand ses forces diminueront, il se sentira inutile, peu estimable, son caractère va s'aigrir, ses exigences sur l'autre vont augmenter…

Pour la femme, il en va rarement de même. Elle est d'une certaine façon plutôt conditionnée dans une dynamique de type obligatif emprisonnée dans le *devoir faire*.

« C'est à moi de faire ceci. »

« Si je ne le fais pas, qui le fera ? Si je n'y pense pas personne n'y pensera… »

« Je ne peux quand même pas aller au lit en laissant tout ce désordre ! »

Elle est une prisonnière, plus ou moins consciente de missions à accomplir, de tâches à exécuter, elle est souvent enfermée malgré elle… dans le terrorisme du *Il faut que* et du *Je dois absolument penser à…*

À peine a-t-elle terminé le nettoyage du sol, qu'elle anticipe déjà le panier de linge à repasser, le bouton à recoudre, la provision de sucre et d'huile à compléter[1].

1. Les Québécoises sur ce plan ont lâché beaucoup de lest, les obligations ménagères sont ou paraissent moins prégnantes dans leurs préoccupations.

Une foultitude de choses à entreprendre, à prévoir, à lister, à organiser, *sinon qui le fera !* s'impose d'elle-même !

La femme investit beaucoup d'énergie dans le provisoire, dans ces activités qui laissent peu de traces, et s'inscrivent dans l'éphémère et la répétition sans fin du *toujours à recommencer* ou du *jamais fini*.

Encore aujourd'hui, trop souvent, la plupart des femmes, par conditionnement culturel ou sous le poids de l'atavisme des générations précédentes, perpétuent l'aliénation domestique du *devoir faire* et du *il faut que*. Elles en gardent le sentiment diffus du plaisir ingrat et jamais abouti de la réalisation qui se dérobe sans cesse sur fond de goût d'amertume. Car c'est un *faire* qui n'a pas même le temps de s'inscrire dans le temps, qui ne laisse pas de marques durables. Le plaisir d'une maison propre, d'une vaisselle lavée, du linge rangé n'a pas le temps de s'installer en bien-être, en valorisation reconnue et appréciée.

La gratification reste épidermique, elle est remplacée aussitôt par un *devoir faire oublié ou à venir*, par une nouvelle obligation, par une autre urgence, et surtout par *tout-ce-qui-reste-encore-à-faire*.

La satisfaction trop éphémère devient vite irritation, et maintient un seuil de frustration bas et facilement réactivé.

Tout dérangement dans l'ordre établi paraît insupportable.

Les chaussures qui traînent, le tube de dentifrice non rebouché, une serviette chiffonnée ou un lavabo mal nettoyé sont reçus comme des affronts ou des marques d'irrespect.

Une femme interrompra difficilement son repassage pour aller regarder son feuilleton préféré, elle aura du mal à entrer dans un salon de thé pour elle-même, pour se faire plaisir ! Elle aura besoin de l'alibi ou de l'encouragement d'une amie pour aller au spectacle.

Elle se laissera trop fréquemment entraîner dans la course folle de tout ce qu'il ne faut pas oublier, et justement elle fera les courses… pour les autres !

Durant des années s'inscrira en elle une accumulation de petits et gros malaises, de petites et subtiles frustrations. Souvent se développera le sentiment diffus de se faire avoir, l'impression désagréable d'un manège sans fin, presque sans espoir.

Et tous ces petits riens du quotidien vont peser lourd sur la disponibilité, sur la légèreté et sur la fantaisie des échanges. Ils vont grever son positionnement de femme, de partenaire réceptive aux autres attentes parfois impérieuses et souvent malvenues de son conjoint.

Lui, de son côté, peut s'imaginer que si elle fait le ménage tous les samedis, c'est qu'elle le veut bien…

Non, elle ne le veut pas nécessairement. Même si elle le fait, elle se doit de le faire, ce qui n'est pas du tout pareil !

La rencontre de cette double dynamique du devoir et du libre choix peut donner lieu à des malentendus terrifiants qui se révéleront parfois des années plus tard ou après une séparation.

Accepter de vivre en couple.
C'est aussi oser confronter nos propres croyances à celles si différentes chez l'autre qu'elles nous apparaissent parfois comme des trahisons... quand nous en découvrons la teneur. La désillusion est parfois amère surtout si nous avions voulu percevoir ces croyances au début de la rencontre ou dans les premiers temps de la relation comme identiques ou tout au moins proches des nôtres. Quelle est ma mythologie de l'amour et de la vie à deux, et quelle est la tienne... aujourd'hui ?

> Si un espoir est trop vrai, ce n'est plus un espoir, c'est une certitude.
> Il est nécessaire que l'espoir reste fragile, un peu incertain, ouvert sur des imprévisibles tournés vers l'avenir.

« J'avais vingt ans et j'étais enceinte de mon ami. Ses parents ne voulaient pas de moi, ils pensaient que leur fils méritait mieux, je le sentais en difficulté face à eux. Aussi j'ai décidé d'avorter, pour qu'il n'ait pas le sentiment que je faisais pression sur lui avec un bébé. J'ai avorté pour le laisser vraiment libre de m'épouser ou non !

« Un an plus tard il m'a demandée en mariage. Notre vie maritale a été un enfer et des années après notre divorce aussi. Je vomissais chaque fois que je le voyais.

« Un jour nous nous sommes enfin parlé. J'ai pu lui dire le sens de mon avortement, il a pu me dire que s'il m'avait épousée c'est parce que j'avais avorté pour lui.

« Il se sentait coupable du sacrifice que j'avais fait et en même temps, il m'en voulait de l'avoir fait pour lui ! Notre mariage a été un avortement de quinze ans. »

Nous voyons là un terrible malentendu, suscité au départ par les injonctions que chacun se donne à lui-même en référence à un imaginaire construit sur l'imaginaire supposé de l'autre.

> Comme si l'éphémère de leur accusation garantissait l'éternité de leur présence.
> Il y aura toujours du repassage, donc celle qui le fait sera toujours là.
>
> CHRISTIAN BOBIN

Un couple éveillé sera un couple capable de pouvoir partager et clarifier ensemble cette double dynamique « libre-choix-plaisir » chez l'un, « devoir-obligation » et « plaisir qui se dérobe » chez l'autre. Non pas en termes d'accusations ou de reproches mutuels, comme trop souvent à l'accoutumée, mais en termes de remise en cause personnelle.

Chacun s'interrogeant sur ses propres croyances en ce domaine et faisant en sorte de s'adapter à cette remise en question et de l'intégrer dans son mode de vie.

À propos du « biberon relationnel »

Un autre facteur qui entretiendra puissamment les forces d'éclatement d'un couple correspond au fait que le garçon et la petite fille n'ont pas été nourris au même « biberon relationnel ». Une mère n'a pas les mêmes acceptations, interdits ou intolérances, et ne dépose pas les mêmes attentes chez son garçon ou chez sa fille. Chez son petit, elle dépose plutôt des désirs. Désir qu'il réussisse, qu'il travaille bien, qu'il soit propre, poli, qu'il lui fasse plaisir, qu'il comble d'une certaine façon son manque originel, qu'il comble la différence. « Je voudrais que tu changes de pantalon, que tu te coiffes autrement, que tu sois enfin à l'heure pour les repas. » « Je voudrais que » est souvent la marque d'un désir sur l'autre, le « je voudrais que » indique bien l'exigence déguisée.

Chez sa petite, la mère déposera surtout des sentiments :

- « J'aimerais que tu t'habilles autrement. »
- « Je n'aime pas quand tu te coiffes de cette façon… »
- « Si tu m'aimais, tu m'aiderais, tu ne me ferais pas de la peine… »

Le père dépose des désirs sous forme d'exigences plus implicites, plus silencieuses.

Entre mère et fille, sentiment et relation font l'objet d'une collusion qui laissera croire trop souvent à la fille, puis à la femme plus tard, que l'amour donné (ou reçu) dépend du degré de satisfaction déclenché chez l'autre par ses comportements et ses conduites. La future femme se construit ainsi trop souvent sur cette sorte d'escroquerie affective. « Je suis aimée quand je fais plaisir, quand je ne déçois pas, quand je ne fais pas de la peine à l'autre… quand je suis gentille pour l'autre… »

> Dans l'éclat le plus lumineux de l'amour, le présent est un présent, le futur une fête et chaque rencontre un éblouissement qui enracine le passé en des souvenirs toujours plus merveilleux.

Le petit garçon qui est plutôt nourri par des désirs, des attentes de réussites ou de réalisations, est en quelque sorte plus valorisé. La petite fille sera nourrie par l'espoir d'être aimée non dans ce qu'elle est mais dans ce qu'elle fait ou ne fait pas.

Vingt ans plus tard, l'un (devinez lequel) proposera ses désirs : « Je te veux » ou « Je voudrais que » et l'autre (devinez laquelle) déposera ses sentiments avec des « Je t'aime », « J'aimerais être aimée de toi ».

Ce décalage, s'il n'est pas conscientisé, s'il n'est pas nommé, sera lui aussi à l'origine d'une multitude de frustrations et de tensions. Il entretiendra les risques d'éclatement ou de dissension dans un couple.

Et cela quels que soient la nature, le positif, la force ou la profondeur des sentiments, car une usure sourde de la relation peut détériorer lentement l'amour le plus éclatant.

L'amour ne peut se contenter de son propre bonheur. Il lui faut aussi la qualité et la créativité d'une relation pour se survivre à lui-même.

> Celui qui ne comprendrait pas ce grand moteur de l'âme humaine : la passion exclusive pour un ou plusieurs êtres à la fois, celui-là n'aurait rien compris à la vie.
>
> PIERRE MAGNAN

Différences dans la géographie intime des désirs

La dynamique du désir chez l'homme et chez la femme est soumise à des variables multiples. Au-delà de l'apprivoisement et de la reconnaissance tâtonnante des premiers temps, la construction de la relation suppose tout un apprentissage mutuel de la géographie secrète et fragile des désirs chez l'un et chez l'autre.

Le désir masculin, nous l'avons compris, est plutôt axé sur la conquête, il est de type expansionniste, audacieux, parfois intrusif, d'autres fois possessif, quelquefois dominant.

Le désir féminin est à l'inverse de l'expansion. Il est tourné vers l'intérieur, vers la conservation plutôt que vers la consommation.

Rares sont les hommes qui font des confitures !

La femme ose son désir pour agrandir, pour amplifier. Elle est souvent dans le don, la générosité dans l'abondance du recevoir et l'agrandissement du partage, même si parfois la possessivité est présente.

Là aussi, dans la rencontre si délicate des élans et des envols, le mouvement contradictoire des désirs peut se développer soit en complétude, soit en antagonisme.

La géographie intime du désir chez l'homme et chez la femme ne s'apprend pas dans notre culture. Elle est et reste parfois ignorance et d'autres fois elle est émerveillement et transe. J'ai souvent été étonné du peu d'attention, du manque d'enthousiasme portés à cette matière essentielle à l'harmonie d'un couple. La méconnaissance des chemins, des attentions, la répétition parfois mécanique de quelques gestes d'effleurement, d'insistances méthodiques, ne sont pas suffisantes pour éveiller, transporter et renouveler le désir mutuel. Les forces de cohésion dans un couple se dynamisent puissamment dans la rencontre des désirs, dans l'épanouissement des plaisirs.

Il y a dans de trop nombreux couples inappétence, désolation des nuits et des jours, pauvreté et rareté des fêtes du corps.

Oserais-je inviter chacun, chacune à plus d'attentions, à plus d'offrandes ?

> Nous ne sommes pas trompés par l'autre, mais par notre propre aveuglement sur l'autre.

Se délier pour s'allier

Une autre force, de non-cohésion ou d'éclatement, résidera dans la capacité ou non, et ceci pour chacun des protagonistes, de se délier pour pouvoir s'allier.

Si l'un ou l'autre des partenaires reste attaché à une relation significative de son passé, à papa ou à maman ou à un amour ancien, s'il reste trop dépendant des attentes, des désirs de ces images significatives de son histoire, s'il reste perdu dans la nostalgie « de tout ce qui aurait pu arriver si... », il aura du mal à construire une nouvelle alliance, à s'engager et même à se définir dans une relation de partenariat à base d'implication, de réciprocité et de don de soi.

Peut-être ne pourra-t-il pas donner le meilleur de lui-même, s'il le réserve ailleurs réellement ou fantasmatiquement, s'il s'en laisse déposséder par un attachement fidèle et encore actif à une autre relation essentielle.

C'est ainsi qu'un couple sera parfois composé de plusieurs couples informels, avec des alliances latentes et implicites plus solides et plus réelles que les alliances officielles. Avec des engagements plus authentiques et plus profonds hors du couple que ceux investis dans le couple formel.

Maltraiter, dénoncer, rejeter au dernier moment un projet, refuser d'en rêver ou d'en inscrire la réalisation dans le temps, c'est en quelque sorte voler du temps à la vie. C'est dérober des morceaux d'existence à celui qui a osé offrir son désir, son projet afin de l'agrandir aux rires du plaisir de l'autre.

Dans certains cas, le « vrai couple » peut être constitué par la relation du mari avec sa propre mère, par la relation de la femme avec son propre père ou avec sa propre mère, avec l'un ou l'autre de ses enfants, par la relation du mari avec son travail ou avec sa passion pour le football, la voile ou le bricolage. Le ménage se prolonge parfois d'une ménagerie envahissante, tyrannique ou charmeuse.

La liste du bestiaire n'est pas exhaustive. C'est parfois au chat, au chien, au cheval que sont destinés ou réservés les caresses, les mots doux et les marques d'attention. C'est parfois avec eux que se vit la relation complice, le sentiment d'être compris.

Ce peut être aussi une ancienne relation amoureuse inachevée qui, même si elle ne se traduit pas par des actes, va occuper l'espace affectif d'un homme ou d'une femme et risquer d'oblitérer la relation d'un couple dans son présent.

Ces différents couples peuvent être complémentaires ou rivaux. Complémentaires, ils apportent parfois une bouffée d'oxygène au couple officiel, ils le stabilisent.

> L'un se contenterait d'être heureux ou pas trop malheureux alors que l'autre veut le bonheur en plus. Toute l'injustice conjugale d'aujourd'hui est là.

> Imagine-t-on Tristan vieillissant auprès d'Yseut après lui avoir fait trois enfants ?
>
> FRANÇOISE GIROUD

Certains couples ne peuvent durer que grâce à la présence d'un tiers garant de l'équilibre des deux autres. Il y a ainsi des triangulations subtiles dont le sommet maintient ferme la base.

Certaines relations tierces (appelées autrefois adultères) remplissent une fonction très importante dans le sens où elles maintiennent fermement, durablement ensemble, deux protagonistes qui se sépareraient… sans elles !

Cette dynamique paraît difficile à comprendre, pourtant nous voyons fréquemment des couples se défaire à partir de la disparition du tiers.

D'autres fois les différents « couples » d'un couple peuvent entrer en rivalité, se heurter, voire tenter de se détruire.

• *« Je t'avais toujours dit que ce n'était pas une femme pour toi »*, dira telle mère qui rivalise avec sa bru. *« Tu sais bien qu'il n'y a que moi qui t'aime réellement, que ta mère t'exploite, se moque de toi »*, suggérera telle épouse.

• *« Je t'avais prévenue, un homme qui est plus souvent dehors qu'à la maison ne peut pas être un bon mari. »*

• *« C'est pour vous, les enfants, que je suis resté, que je n'ai jamais divorcé sinon il y a longtemps que je serais parti ! »*

Les exemples sont innombrables… de cette lutte quotidienne pour la captation affective d'un être qui se trouvera tiraillé entre plusieurs obligeances ou fidélités.

Nous croyons être deux dans le lit en faisant des enfants et nous sommes au minimum six et parfois dix-huit… dans l'univers surpeuplé de notre imaginaire.

Ainsi dans une vie de couple, les couples d'un couple se déclarent parfois une guerre à mort pour s'approprier l'un des membres du couple, pour le capter ou pour le maintenir à distance. Celui qui est l'enjeu de ces conflits essaiera par différents moyens de satisfaire, de rassurer, de donner des preuves d'amour et du temps à chacune des parties.

Des somatisations violentes, chroniques (sciatiques, scléroses en plaques, arthroses et autres affections paralysantes et invalidantes) sanctionneront des impossibilités à se délier pour s'allier avec le partenaire choisi.

Tel mari nous dira qu'il n'a pu s'engager, s'abandonner complètement à la relation conjugale qu'après la mort de sa mère ou d'un premier amour.

Telle femme confirmera qu'elle n'a pu avoir du plaisir sans culpabilité qu'après le décès de son père ou d'un frère chéri.

Si chacun des membres d'un couple se donne les moyens de clarifier son histoire et son passé, s'il accepte de se positionner par rapport aux dettes, aux devoirs ou aux missions dont il s'est chargé et d'échanger à ce sujet, il se donne en même temps plus de moyens pour s'allier et s'engager avec son partenaire.

La femme est souvent vue comme le réceptacle du désir et des attentes de l'homme.
Mon point de vue serait que c'est l'homme qui est souvent en creux !
Il demande et souvent même exige que son propre désir soit reçu, mais il veut et il désire surtout le désir de l'autre.

Il veut l'avoir pour lui, en lui.
Il veut, le plus souvent, que l'autre entre dans son désir à lui.
Ainsi s'entretient, effroyablement violent ou subtil, le terrorisme relationnel, si présent dans certaines tentatives de communication sexuelle.

> Quand l'un décide de ne plus se laisser définir par les peurs, les désirs ou les besoins de l'autre, alors peut commencer la relation d'amour.

3 – Équilibre des forces d'expansion ou de repliement

Les forces de cohésion et d'éclatement dans un couple sont intimement mêlées, proches et interdépendantes les unes des autres.

L'équilibre à trouver repose sur un dosage entre :

forces de cohésion et forces d'éclatement.

Les unes et les autres sont nécessaires et aident à alimenter les forces de vie du couple.

Une trop grande prévalence des forces de cohésion risquerait de conduire à une forme de pétrification ou de fossilisation des êtres et de la relation.

La rigidification mortifère ou de la momification de certaines relations est tragique, car la vie vivante en est absente.

Quant aux forces d'éclatement ou de dissociation, tout en favorisant l'autonomie de chacun de ses membres, elles contribuent à maintenir le couple vivant et l'aident à traverser les crises liées à son évolution. L'équilibre des forces sera renforcé ou affaibli selon que seront ou non respectées quelques règles de base d'hygiène relationnelle. Ces règles s'articulent autour de quelques pivots non dénonçables et non négociables. Je veux dire par là qu'ils ne seront pas remis en question à chaque occasion de malentendu ou de dissension.

En sachant que si ces points d'accord *minima* sont transgressés trop longtemps, la relation est menacée d'érosion, de pollution ou d'asphyxie.

Ces principes, je les ai formulés dans une déclaration des droits à l'amour de l'homme et de la femme qui s'impose à mes yeux comme une évidence.

> De toutes les stratégies que les couples utilisent pour éviter de faire face à leurs problèmes, tout en s'acheminant vers eux par des voies détournées, celle qui semble la plus populaire est la liaison extraconjugale. C'est une tentative désespérée du couple pour sortir de l'impasse qui le conduit au bord du désastre, sinon au désastre même.
>
> AUGUSTE NAPIER ET CARL WHITAKER

4 – Dévoilement et mise à jour ou aveuglement et enfermement dans des systèmes implicites mais tenaces et durables

La référence au sentiment de **justice ou d'injustice** de l'un vis-à-vis de l'autre touche à des sensibilités souvent à vif surtout quand les blessures restent enkystées dans le silence. C'est ainsi que nous enregistrons parfois une comptabilité affective secrète, précise et minutieuse de tous ces petits riens de la vie commune[1] soigneusement tenus à jour. Et le plus souvent, aucun des partenaires ne s'autorise à commencer à exprimer ce qu'il a ressenti d'injustice, d'incompréhension et même d'humiliation à partir d'un mot, d'une réaction, d'une remarque, d'une simple réflexion d'apparence anodine, d'un changement d'humeur… ou à l'inverse, à partir d'une inattention, d'une distraction, d'un oubli, d'un silence.

La référence aux critères de normalité joue souvent le même rôle, remplit la même fonction, titille des sensibilités et des réactivités à fleur de peau.

- « C'est normal que tu sois là le jour de mon anniversaire. »
- « C'est quand même normal d'avoir envie de faire l'amour tous les jours. »

1. Voir *Parle-moi… j'ai des choses à te dire*, Montréal, Éditions de l'Homme.

• « Il n'y a rien de plus normal que de vouloir des enfants avec l'homme qu'on aime, je ne comprends pas ton refus d'en avoir. »

• « Oh, pour toi, c'est toujours normal de rester à la maison quand j'ai envie d'aller au cinéma avec toi… »

D'autres fois, l'un des partenaires va se donner des injonctions et des missions pour maintenir en équilibre un compromis coûteux et trop souvent insupportable.

> Quoi de plus merveilleux et de plus miraculeux qu'une relation de couple dans laquelle chacun trouve un espace pour croître, se sentir entier, reconnu, grandi, amplifié par l'écoute ou le regard de l'autre, par sa présence, sa confirmation ou ses interrogations ! Où chacun expérimente le possible de se dire et d'être entendu ! Quoi de plus stimulant que de bâtir cette relation-là !

« Il est déjà assez mal à l'aise, assez en difficulté, je ne vais pas **encore** en rajouter et lui faire en plus des demandes. Je ne vais pas attendre qu'il s'occupe de moi, qu'il prenne soin de mes besoins, ni même qu'il puisse combler mes attentes… C'est à moi de faire un effort, de renoncer à mes demandes… »

Les sacrifices silencieux que l'un des deux s'impose vont être souvent trop cher payés en exigences imaginaires, en attentes subtilement exigeantes sur d'autres plans.

Les conduites et les attitudes de certains seront soustendues par des représentations et des pactes implicites qui orienteront leur façon d'être à la manière d'un guide intérieur. Certains sont dérivés de choix et d'injonctions qu'il serait possible d'énoncer ainsi : « J'ai décidé de me refuser ou de m'interdire beaucoup de choses à moi-même, pour que tu sois contraint d'y renoncer aussi par solidarité sacrificielle ou que tu n'exiges pas plus de moi ! »

Cet homme disait à sa femme : « Moi je suis sûr que je ne te tromperai jamais, mais si tu me trompais, toi, si tu avais une autre relation, je te quitterais car je ne le supporterais pas... »

Quand je l'invitai à entendre que c'était bien lui qui prenait la décision de quitter son épouse, que c'était bien lui qui s'engageait à mettre fin à une relation à laquelle il tenait, il ne pouvait m'entendre et rejetait ainsi l'écoute de lui-même.

« Non, non, me répondait-il, c'est elle qui l'aura voulu. Ce sera sa faute, sa responsabilité. Si elle tient à moi, elle sait ce qui l'attend. Elle est prévenue, elle sait ce qu'il lui reste à faire.

— Oui, bien sûr, cela à son bout de la relation à elle, mais c'est vous qui me parlez. C'est bien vous qui vous êtes donné l'injonction de la quitter si...

— Non, ce sera sa décision à elle, elle doit savoir que je ne reculerai pas... »

Le terrorisme relationnel le plus terrible s'installe quand chacun tente de remplir son propre vide avec les manques de l'autre.

Chaque fois que j'invitais cet homme à se centrer à son extrémité de la relation, il me parlait sur le bout de l'autre ! Il lui était quasiment impossible de reconnaître sa propre responsabilité dans sa décision. Il ne pouvait admettre la violence qu'il se ferait à lui-même en prenant la décision de quitter quelqu'un qu'il aimait, à qui il tenait très fort.

Les systèmes relationnels implicites sont très actifs et puissants. Ils ont la vie dure et survivent parfois longtemps à la relation moribonde. Parfois, il suffit de peu de chose pour en sortir. C'est le cas en particulier quand l'un ou l'autre arrête d'entretenir et de nourrir la relation avec des modalités de fausse assistance et d'aide infantilisante.

Chronique de la relation amoureuse dans la durée

Les différentes tranches de vie de la relation amoureuse évaluées en termes relationnels peuvent se traduire sur deux registres bien distincts : celui des sentiments et celui de la relation. Je vais montrer ici les principaux enjeux autour desquels se structurent les séquences relationnelles qui vont cohabiter de façon plus ou moins harmonieuse avec les sentiments, les croyances et les rêves de l'un et de l'autre, et je dégagerai à chacune de ces phases les principaux apprentissages possibles et souhaitables pour sortir des pièges, des avatars et des aléas propres à chaque épisode.

L'amour est mouvement. Quand il s'immobilise, il agonise sans même le savoir.

Phase de collusion

Les premiers temps de la rencontre sont souvent marqués par la prévalence d'une vision idéalisée de l'autre et de la relation attendue. La réalité est clivée et scindée : tout le bon est perçu à l'intérieur de la bulle d'intimité du couple, tout le mauvais est nié et rejeté à l'extérieur (l'enfer, c'est les autres).

Cette période se caractérise par une adaptation mutuelle des partenaires, l'un par rapport à l'autre, et par une propension naturelle de chacun à se mettre au diapason de ce qu'il perçoit de l'image du couple. Ce stade est celui des tentatives de négation ou de gommage des différences. Je vais avoir tendance à limiter l'expression de ma personnalité en fonction de ce que je suppose être le désir, les priorités, les centres d'intérêt de l'autre. Parallèlement, je vais surtout m'appuyer sur les aspects et les traits que je valorise chez lui, ceux qui me touchent. Et je vais être très tolérant et passer sur les traits qui me conviennent moins. De mon côté, je vais tenter de me mettre en valeur, d'accentuer des traits qui plaisent à l'autre, qui me flattent et sur lesquels je fonde ma séduction et au contraire masquer ou freiner ceux qui risqueraient de déplaire. Je vais renoncer à des activités de plaisir qui risqueraient de ne pas être partagées ou partageables. À l'inverse, je vais tout d'un coup me mettre à aimer la montagne, le tennis, la peinture, les arts… parce que l'autre est un sportif invétéré ou un passionné des musées…

Je prête à l'autre l'essentiel de mes attentes et de mes espérances. Je le vois tel que je le veux (et non tel qu'il est). Je tente de lui montrer que je suis capable de satisfaire le maximum de ses besoins personnels spécifiques. Et je peux même imaginer que je suis le seul à pouvoir les satisfaire !

Chacun à sa façon recherche et tente de créer un **Nous,** de s'aligner sur une entité qui le lie à l'autre et qui le protège de l'incertain de l'avenir.

Les mythologies personnelles ressurgissent et servent de justification, de balise ou de point d'ancrage pour renforcer ces tentatives de maintien de la relation fusionnelle et symbiotique.

« Il faut quand même bien être d'accord. Pour moi une femme c'est... Un homme doit... Quand on est ensemble c'est pour... Le mariage c'est... Pour avoir des enfants il faut... Quand on aime... les désaccords s'arrangent ! »

Et nous croyons reconnaître et nous voulons voir les mythologies de l'autre en correspondance et en phase avec les nôtres.

Progressivement, la relation idéalisée va être soumise à des ajustements et à des approximations, confrontée à l'épreuve de la réalité. Elle sera parfois blessée par des séquences d'apprentissage, de découverte et de limitation avec les failles, les manques et les limites de chacun et... ses ressources aussi. Les facettes cachées, les aspects moins valorisés et moins acceptés de l'un et de l'autre vont se dévoiler. Certaines blessures narcissiques vont commencer à s'ouvrir peu à peu mais elles vont rester occultées.

Non dites dans un premier temps, plus ou moins facilement masquées, apaisées ou pansées par le baume de l'espoir ou le recours à la bonne volonté en chacun, les blessures peuvent aussi se réactiver à la moindre déception ou frustration.

L'apprentissage possible, souhaité et souhaitable à ce stade est celui de la différenciation.

Luttes de pouvoir

On ne peut pas ne pas influencer.

Comment j'influence l'autre ?

Comment je me laisse influencer par lui ?

Parfois d'ailleurs, les influences sont bonnes quand elles se présentent sous forme de stimulations, d'apports et d'enrichissements mutuels.

Parfois elles sont *a priori* perçues comme bonnes mais vont s'avérer néfastes dans la durée. Dès lors que deux personnes sont en présence, il en est toujours une pour tenter d'influencer l'autre. *A fortiori*, quand la relation s'installe dans la durée et qu'elle repose sur des enjeux affectifs. Car toute séduction comporte un désir d'exercer un pouvoir émotionnel sur l'autre.

Les tentatives d'influencer l'autre sont multiples et variées, très affirmées ou plus subtiles. Son adhésion à notre point de vue est perçue comme un témoignage ou un signe de semblance, son acceptation de notre influence est entendue comme une marque – quand ce n'est pas une preuve – d'amour. À l'inverse, l'énoncé d'un point de vue différent, d'un désaccord risque d'être interprété comme un rejet.

Des zones d'influence se créent, des accords tacites s'installent avec une répartition des rôles, des spécificités, des compétences et des positionnements de chacun. La cartographie de notre relation va se dessiner peu à peu avec des domaines dans lesquels « c'est plutôt moi qui prends les décisions qui te conviennent » et dans lesquels « c'est plutôt toi qui te charges des décisions qui m'arrangent aussi ».

Les tentatives d'influence vont insidieusement développer des systèmes d'aliénation de l'autre (mais peut-être le mot est-il trop fort ?) à nos désirs et à nos peurs ou tout au moins susciter des tentatives où des tentations de le soumettre à nos attentes.

Dans certaines relations, les rapports de force et de domination/soumission prennent le pas sur les sentiments et nuisent à leur libre expression. Je peux avoir peur de m'attacher et entretenir la position haute et dominatrice dans la plupart des échanges avec mon partenaire.

Cette période est marquée par l'entrée en scène des forces de dispersion ou d'éclatement, la division avec son lot de désillusions et de déceptions et l'apparition des premières réactions de violences directes ou indirectes sur l'autre. C'est le début du terrorisme relationnel voilé.

« Sois comme je veux, comme je t'ai imaginé, comme je t'ai aimé au premier regard, comme tu étais au début ! »

Plus je suis insécurisé par ces changements, moins j'en supporte les perspectives et plus je tiens à rester fixé à ce stade de la relation. Plus je vais être conservateur et attaché à préserver les forces de cohésion, plus je vais être tenté de pousser mon partenaire à être comme il est supposé être, comme j'ai voulu croire qu'il était, comme il m'a laissé croire qu'il était…

C'est à ce stade que des conflits sexuels parfois aigus vont se cristalliser avec d'un côté des reproches, des mises à l'épreuve (« tu ne sens rien », « tu ne sais pas t'y prendre », « tu es hystérique ») et de l'autre côté des réactions défensives, des résistances, des refus, des replis sur des positions et des activités de représentation… Et il s'agira parfois d'accepter à ce stade une harmonie sexuelle assez peu satisfaisante ou défectueuse. Quand elle est relative dans le temps, cela reste supportable. Quand l'accord reste possible dans d'autres domaines, les désaccords du corps n'envahissent pas tout l'espace de la relation.

L'apprentissage possible mais souvent difficile à ce stade de la relation consiste à renoncer à vouloir changer l'autre.

Crise

Est-ce un passage obligé ? Un moment de vérité ? d'aggravation d'un processus latent ? ou de décision fondée sur le discernement comme l'indique l'étymologie du mot[1] ?

La crise correspond à un mouvement de rupture du *statu quo* construit et maintenu sur la base des compromis réalisés au moment du choix amoureux.

Elle se joue par un redéploiement des énergies et des investissements affectifs dans d'autres champs d'activité, dans d'autres centres d'intérêt, dans d'autres rôles, que ceux-ci soient réduits au milieu proche (rôles parentaux) ou qu'ils soient élargis aux relations sociales ou paraprofessionnelles.

C'est la recherche, la fuite ou le refuge plus ou moins conscients, plus ou moins forcenés à l'extérieur ou à l'intérieur : travail, maison, enfants, amis, somatisations, alcool.

« Ces activités que j'aimais tant pratiquer avec toi commencent à me fatiguer, à m'ennuyer. Nous nous arrangeons pour ne pas être seuls et nous avons recours à l'introduction d'un tiers écran. Nous ne manquons pas d'imagination pour tenter d'échapper à la souffrance, mais nous sommes de moins en moins naïfs

1. Christiane Singer, *Du bon usage des crises*, Éd. Terre du Ciel.

sur les effets des défenses et des remèdes utilisés jusque-là. »

L'apprentissage possible à ce stade passe par un travail sur soi et par l'acceptation de la relation en tant que relation unique.

La communication toujours nécessaire sera particulièrement utile à ce stade de la relation. Elle le sera d'autant plus qu'elle a été généralement peu investie et négligée dans les phases précédentes, au profit des autres langages non verbaux, de l'idéalisation et de l'entretien des images de soi et de l'autre.

Le vécu symbiotique des débuts de la relation amoureuse génère un sentiment de proximité mentale, de partage et d'empathie tel qu'il abolit à nos cœurs la nécessité de communiquer. La plupart du temps, nous nous croyons dispensés d'exprimer nos ressentis et nos désirs que l'autre est supposé comprendre et deviner sans même que nous n'ayons à les énoncer, **surtout** sans que nous ayons besoin de les énoncer.

Le plus cruel dans une séparation avec un être aimé ou proche…
c'est de ne plus pouvoir rêver ensemble.
Ni pour construire au présent, ni pour anticiper un avenir.
Et les violences et le ressentiment qui y seront liés vont naître souvent de cette privation de rêver le futur, que nous impose implicitement celui qui a décidé de partir.

Conflits

Les tentatives de dépassement de la crise vont passer par des perturbations et des conflits nécessaires à la maturation de la relation.

Vais-je pouvoir sortir de la soumission ou de l'opposition manifeste, réactionnelle ou cachée par l'affirmation et le positionnement clair ?

L'apprentissage essentiel de cette phase consistera à se définir, à montrer à l'autre où je suis. Les repères habituels proposés en matière de communication[1] seront d'un précieux secours pour éviter de se laisser piéger par des enjeux sous-jacents souvent passionnels et intensifiés par toute la comptabilité affective accumulée au cours des épisodes précédents, qui sont exprimés sous forme de reproches, de ressentiments, d'accusations, de plaintes…

L'engagement

Cette phase traduit un progrès dans l'appréhension de la réalité.

Elle suppose de pouvoir reconnaître une perte, le renoncement à l'idée que chacun peut et se doit de tout apporter à l'autre, que chacun peut et doit tout attendre de l'autre. Le lien amoureux va se rétablir dans le meilleur des cas sur de nouvelles bases. Il trouvera un allié en la capacité de chacun des partenaires à accepter de se responsabiliser à l'extrémité de la relation qui est la sienne. Sur sa capacité à accepter l'incomplétude de la relation, de l'autre et de soi-même.

1. Voir Jacques Salomé, *T'es toi quand tu parles* et *Heureux qui communique*, Paris, Éd. Albin Michel.

> Parce que le bonheur !, le bonheur !, il n'y a pas que le bonheur dans la vie, il y a la vie !
>
> DANIEL PENNAC

Une meilleure différenciation permettra à la fois d'accepter ce qui est bon chez l'autre et de mieux refuser ou de se protéger contre ce qui n'est pas bon pour moi venant de lui.

Le maître mot de cette phase relationnelle sera celui de la responsabilisation de ses actes. Je ne rends plus l'autre responsable de ce qui m'arrive. Je me sens et je me positionne comme entièrement responsable et partie prenante de ma vie.

CO-CRÉATION

Parmi les différentes issues possibles aux péripéties de la relation amoureuse qui se transforme au cours des étapes précédentes, quand le lien a pu survivre, les partenaires vont pouvoir se rejoindre dans une création commune.

Chacun aura acquis la sécurité de se sentir exister et pourra voir ses désirs personnels reconnus. Il pourra trouver cette sécurité, cette sérénité et cette plénitude qui contribueront à nourrir et à développer l'expansion de soi et de l'univers.

L'apprentissage à ce stade de la relation sera celui de la décentration de soi, de l'ouverture conscientisée, de l'écoute d'autrui et du monde.

Vivre à deux en étant différents devient plus qu'une création permanente. C'est une aventure inouïe aux rives des richesses de l'imprévisible. Vivre à deux en se respectant soi-même, en se sentant respecté, en respectant l'autre, c'est rester ouvert à l'évolution et aux changements. C'est rester vigilant aux étapes à traverser parfois en dissonance. C'est apprendre quelques principes de vie commune et se donner les moyens de les appliquer.

C'est ne jamais confondre sentiments et relations, oser vivre des sentiments au présent et développer une relation en santé pour chacun, fondée sur quelques règles d'hygiène relationnelle.

> L'argent, c'est ce qui montre et qui cache à la fois les rapports de force et la violence des dominations latentes.

5 – L'argent dans le couple et la famille

Il y a beaucoup de réticences à parler clairement d'argent dans un couple. Beaucoup de réticences à faire des comptes réels, beaucoup d'angoisse à s'évaluer, à se donner une valeur ou à reconnaître la valeur de l'autre.

« Quand on aime on ne compte pas. »
« Ce qui est à moi est à nous. »
« Nous, on partage tout sans compter… »

Au nom de l'amour, de l'intimité, de la générosité, tout ce qui concerne les finances reste flou. De part et d'autre cependant, de vagues sentiments d'être exploité ou dépouillé entretiennent des malaises, des ressentiments souterrains, mal reconnus mais à l'œuvre de façon tenace dans de nombreux couples.

Un jeune couple a osé braver ses peurs de paraître mesquin et ensemble ils ont évalué les apports de chacun.

C'est elle qui a commencé, il l'a suivie.

« Depuis la naissance de notre enfant, je travaille à 30 p. 100. Je gagne 300 euros par mois, calcule-t-elle, et je donne 180 euros à la personne qui vient garder le bébé pendant mes heures de travail, il me reste 120 euros. Je fournis environ 50 heures par semaine de travail ménager et de garde d'enfant (je ne compte pas les week-ends et les soirées où nous partageons les tâches en commun).

« Cela représente 200 heures par mois, à 4,5 euros l'heure, cela fait un apport de 900 euros, plus les 180, soit 1 080 euros que je donne à l'institution familiale. »

« Moi, dit-il, j'ai un salaire de 1 520 euros, et je donne 1 220 euros pour le loyer, le ménage, la voiture, les assurances, etc. »

Ensemble ils ont conclu :

• que leur entreprise commune, l'institution conjugale liée à la vie familiale, revient à 2 300 euros par mois ;
• qu'elle travaille un plus grand nombre d'heures que lui, pour une tâche moins bien rémunérée, mais plus libre (même si elle se sent dans le devoir de… faire !) ;
• qu'il a davantage d'argent personnel qu'elle.

Ces quelques échanges sur les comptes familiaux ont surtout permis entre eux un recadrage psychologique. Elle ne se sent plus entretenue par son mari, mais partenaire « d'une entreprise » qui coûte plus cher qu'ils ne croyaient. Une entreprise : leur famille qui se traduit par un budget. Ils confirmeront chacun : « Avant de me marier, je ne faisais pas de budget, je dépensais… »

Lui, reconnaît le prix du travail à domicile de sa femme et ne s'imagine plus être le seul pourvoyeur de la famille. Cette reconnaissance mutuelle, explicite et chiffrée, nous disent-ils, a beaucoup contribué à éclaircir des conflits latents, en particulier autour de la vie sexuelle.

Car il y a des corrélations profondes entre argent et sexualité qui renvoient à des enjeux mal clarifiés sur les positions dominants-dominés, demandeurs-demandés.

Nous invitons fréquemment les couples à mettre des mots sur leur ressenti autour de l'argent, sur la valeur respective de leur engagement, du temps consacré, offert, dû ou imposé à l'autre.

L'argent est certainement un des symboles les plus puissants et les plus mal connus, car occulté au nom des bons sentiments de notre culture. L'argent est cependant partout, il traverse, détruit ou irrigue beaucoup de relations. Tour à tour poison ou sève vivifiante, il est présent, de façon parfois visible mais le plus souvent cachée, dans les relations intimes. Caché parce que tabou sur ses origines. D'où vient-il ? Comment est-il parvenu jusqu'à nous ?

Il nous renvoie parfois au sale, au malsain, à la méfiance et réveille l'ambivalence des sentiments.

Comment gérer l'argent dans un couple ?

La procédure que je propose plus loin ne vise pas, malgré les apparences, à gérer l'argent à travers des plus ou des moins, à travers des divisions ou des pourcentages, elle consiste essentiellement à se donner les moyens d'être moins pollué, moins asservi ou dépendant des rapports de force, d'inégalité, voire d'injustice et souvent d'exploitation qui sont présents dans toute relation de couple.

L'argent, dans beaucoup de couples, peut être à la fois un point de fixation, un révélateur et un écran à des ressentis, à des non-dits, à des refoulements et à des frustrations qui naviguent sourdement dans une relation au quotidien. L'argent présent ou absent est à l'origine de nombreuses tensions, pas toujours explicitées.

L'argent est aussi un langage

Comment se donner les moyens d'entendre l'argent comme un *langage* ?

En tentant de clarifier cinq questions… qui restent trop souvent refoulées.

Combien je touche ou combien je reçois ?

Cela correspond soit à une source de revenus extérieurs (salaire, honoraires, allocations, redevances diverses ou **RMI**[1]), soit à une source de revenus internes, à condition que je me reconnaisse une valeur liée à ma participation, à une action commune à la vie conjugale ou familiale (intendance autour de la gestion d'une maison, d'un appartement, accompagnement scolaire, aux loisirs… entretien, présence dans un rôle de maîtresse de maison…).

Pour la première origine elle est en général claire, bien que beaucoup d'hommes cachent le montant exact de leurs ressources.

Pour la seconde origine, c'est plus délicat.

Peu de femmes osent s'interroger : combien je vaux relativement aux actes et aux actions, aux conduites qui sont considérées habituellement comme des dus, des dons d'amour ou comme des évidences liées au rôle féminin (celui en particulier de la femme au foyer, qui sera entretenue en échange de…[2]) ?

1. En France : Revenu minimum d'insertion sociale.

2. Le travail est rémunéré par l'activité. L'activité n'est pas définie, elle n'est pas reconnue socialement même si elle remplit l'essentiel de notre emploi du temps.

« C'est normal que je fasse les repas, c'est tout naturel que je m'occupe des courses, que je fasse les lits et nettoie ou range la salle de bains. Qui d'autre que moi sait laver les enfants, surveiller leurs devoirs, animer leurs loisirs ? Et c'est encore à moi de veiller à être souriante, disponible, ouverte et surtout détendue dans le rôle d'épouse, de partenaire, de confidente, d'amante, de maîtresse de maison. »

Tout cela est fait avec régularité, sans révolte (dans un premier temps), avec une constance aveugle. Avec peu de remise en cause du contrat « d'exploitation » implicite qui lie deux êtres qui ont décidé de vivre ensemble, sur des bases non explicites car issues d'un conditionnement culturel, vraiment admis.

Nous l'avons vu, la plupart des femmes entrent dans la vie conjugale et familiale à partir d'une dynamique intime qui pourrait s'énoncer ainsi : « Obligation, injonction, sentiment du **devoir-faire.** »

Alors que les hommes « entrent en couple » sur une dynamique fondamentalement différente, sinon opposée, que j'appellerai : « Libre choix, plaisir, **plaisir d'aider à faire**. »

Ces deux dynamiques, qui paraissent antinomiques et contradictoires, ne peuvent se combiner que si elles se disent, s'expriment, si elles sortent de l'implicite, pour se reconnaître.

La deuxième question, issue des interrogations qui précèdent, pourrait être :

Combien je gagne ?

Cela suppose que je peux donner une valeur à ce que je fais, à ce que je suis, quand je donne ou que je consacre mon temps et mon énergie à satisfaire les besoins d'un partenaire, d'un ou de plusieurs enfants.

Cela, même quand ils ne sont pas demandeurs. Car celui qui dit et prétend « mais je n'ai pas besoin, moi, que la salle de bains soit propre », « je n'ai pas l'angoisse d'un lit non fait », celui-là, sans le savoir clairement, pose et impose des exigences… celles de son laxisme.

La réponse à cette deuxième question est toujours difficile à aborder, car elle touche aux conditionnements millénaires de l'homme et de la femme, aux images de soi, aux disqualifications. Cette valeur – tâches ménagères, entretien domestique – est phagocytée, associée à la mythologie du foyer bien tenu, accueillant, avec une partenaire disponible, consentante et compétente.

C'est normal que si l'homme qui travaille à l'extérieur produit… et « gagne » les finances du couple ou de la famille, il y ait une « intendance qui suive » !

Il y a aussi tout le romantisme amoureux sur la gratuité du geste, sur la disponibilité de celle qui « comprend », sur l'oblativité de l'acte d'amour. L'état de crise se révélera, quand l'un des protagonistes, en général la femme, pressent, découvre qu'elle est exploitée, asservie dans un système qui en plus ne reconnaît pas et ne valorise pas la lourdeur de cet asservissement. Le partenaire masculin ne peut, dans un premier temps, ne veut se reconnaître dans le rôle d'un exploiteur. Un des dénouements à la crise sera souvent l'ouverture d'un conflit, au travers d'un positionnement ferme.

« Ce que je fais a de la valeur et cette valeur participe directement ou indirectement au bien-être de l'ensemble de la famille et à l'enrichissement global de l'institution familiale. »

L'intendance nécessaire et indispensable à celui qui travaille à l'extérieur n'est pas valorisée en tant que telle : « elle va de soi ». Elle est implicitement due par celui qui reste à la maison à celui qui travaille.

Concrètement cela veut dire, pour celui qui reçoit, par exemple Jean, 1 800 euros de salaire, qu'il ne peut les toucher que parce qu'il y a une intendance, autrefois tenue par maman, quand il était dans le monde des études et du travail scolaire, aujourd'hui assurée par « Janine son épouse » depuis qu'il est entré dans le monde professionnel. Si « Janine » n'était pas là, combien et à qui devrait-il payer : la confection des repas, la lingerie, l'entretien ménager et la sécurité matérielle qui lui permettent tous les matins d'aller au travail, sans autre préoccupation majeure que celle de produire ce pour quoi il sera payé ! Si nous estimons la valeur de cette intendance à 450 euros par exemple, nous voyons que quelqu'un qui touche 1 800 euros ne gagne en fait que 1 350 euros puisqu'il devrait reporter sur le compte personnel de Janine (ou d'une personne extérieure) les 450 euros représentant le prix de l'intendance qui lui permet, justement, de recevoir un salaire de 1 800 euros.

À ce stade de la discussion dans un couple, il y a déjà souvent beaucoup d'irritation, de gêne et de rejets violents. Ces comptes d'apothicaires font mesquins. Où est l'amour dans tout cela ?

« Pas nous quand même ! On n'est pas comme ça ! »

Tous les poncifs remontent à la surface : « Si on s'aime, on doit s'entendre naturellement… » « On n'est pas des épiciers, on est mari et femme ! »

Poursuivons cependant les interrogations autour de la troisième question, qui porte sur le coût du fonctionnement de l'institution conjugale ou familiale.

À COMBIEN CELA REVIENT-IL DE FAIRE « MARCHER » UNE FAMILLE ?

Cette question ne sera résolue, en général, qu'après plusieurs mois de tâtonnements, de discussions et d'ajustements réciproques.

Quels chapitres, quels postes de dépenses seront mis dans cette évaluation : loyer, chauffage, assurances, nourriture, vêtements, loisirs communs... ?

Quand ces postes seront déterminés, ils seront chiffrés sur la base de l'expérience.

Supposons donc le cas du couple Jean-Janine :

• Jean touche 1 800 euros et il reconnaît que le travail « interne » de sa femme a une valeur de 450 euros. Jean découvre qu'il gagne en fait 1 350 euros ;

• Janine touche 600 euros (ressources extérieures). Elle gagne de fait 600 + 450 = 1 050 euros ;

• Le coût de l'institution conjugale a été estimé à 2 000 euros. Cela introduit la quatrième question qui s'articule autour de :

Combien chacun doit-il verser pour alimenter l'institution conjugale ?

Quelle quote-part de ce qu'il gagne (et non de ce qu'il touche) pourra être versée au fond commun ?

Dans la situation concrète présentée ci-dessus, Jean versera pour « alimenter l'entreprise familiale » 13,5/24 de 2 000 € soit 1 125 €, Janine 10,5/24 de 2 000 € soit 875 €.

(Le chiffre 24 est obtenu par l'addition des ressources de Jean 1 350 € et de Janine 1 050 € = 2 400 ou 24.)

Cinquième question :

Combien reste-t-il à chacun en propre ?

Après versement sur le compte commun de leur quote-part réciproque (à ne pas confondre avec un compte conjoint), il reste :

• à Jean : 1 350 – 1 125 = 225 de fonds propres ou personnels ;

• à Janine : 1 050 – 875 = 175 de fonds propres ou personnels.

Ces sommes, même si elles paraissent, dans le cas présenté, minimes ou même puériles, ont un fort pouvoir de confirmation.

Il s'agit là d'un bien personnel, qui permet à chacun de se faire ou de faire de véritables cadeaux.

Il s'agit d'une somme nette, qui n'est due à personne. Une somme qui appartient réellement à celui qui peut en disposer sans culpabilité, sans état d'âme… pour se faire plaisir ou faire plaisir à qui bon lui semble.

La valeur de ce système est surtout d'ordre symbolique. Elle réside dans le fait qu'il y a toujours un reste « personnalisé » si chacun des conjoints évalue et gère les besoins de l'institution conjugale avant et non au coup par coup, dans l'improvisation et la collusion des ressources.

Le système ne répond pas à toutes les questions qui peuvent surgir à propos de l'argent ou des dépenses dans un couple.

Il est proposé comme un repère, comme une opportunité de mettre au jour des non-dits. Chacun l'utilisera, le perfectionnera ou le rejettera à son gré.

L'intimité de chacun peut être ainsi respectée à travers l'argent et au-delà, dans la reconnaissance d'une valeur liée à l'activité parentale.

> Nous faisons toujours payer très cher... ce que nous devons à l'autre.

Si j'ai vraiment reçu

Si j'ai vraiment reçu
je n'ai pas peur de perdre.

Si j'ai su accueillir
je ne me prive de rien.

Si j'ai engrangé du bon en moi,
il en restera suffisamment de traces
pour l'ensemencer, bien après la séparation.

Si je découvre que se quitter
n'est pas se perdre.

Si je peux amplifier ce que je reçois
pour le laisser germer durant le temps
de l'absence, j'agrandis alors le temps
des retrouvailles.

Si j'ose mettre des mots sur ce que je vis,
alors je n'ai pas besoin de disqualifier
ce qui ne me vient pas de l'autre.

Le temps d'une rencontre est trop précieux
pour l'abîmer en amertume
sur ce qui ne s'est pas passé.

Le temps d'un partage n'est jamais vain
quand je sais mieux entendre
ce que je n'ai pu dire.

La nostalgie, c'est quand je peux regretter
de n'avoir pas su te proposer
tous mes possibles.

La véritable intimité est celle qui permet de rêver ensemble avec des rêves différents.

Chapitre 4

Vivre en couple, c'est accepter de créer et de développer une double intimité

Vivre à deux, que ce soit sur un territoire commun et dans la continuité ou sur des territoires séparés et différents, c'est-à-dire dans une relation discontinue mais stable, supposera la rencontre de deux intimités, la sienne et la mienne. Cette rencontre se jouera avec plus ou moins d'ouverture, d'abandon et de liberté mutuelle, ce qui ne veut pas dire réciproque.

Elle se vivra donc dans deux registres différents et complémentaires :

• celui d'une intimité commune, partagée et vivifiée ;

• celui d'une intimité plus personnelle pas toujours partagée, ni partageable et respectée.

Toute vie de couple se structurera ainsi autour de deux modalités contradictoires et cependant complémentaires. Vivre en couple, ce sera :

• expérimenter, partager et agrandir une **intimité commune** sur le plan de l'espace d'un territoire ou sur celui du temps, sur le plan physique ou sur celui des échanges, des centres d'intérêt et de la créativité ;

• et aussi accepter de découvrir, de reconnaître en soi et de tolérer chez l'autre le besoin d'une zone d'**intimité personnelle.**

De respecter le possible… voire le nécessaire, d'une intimité non partagée avec la personne qui, pourtant, partage l'essentiel de notre vie. « Essentiel » ne signifie ni « tout », ni « entièreté », ni « monopole ».

La vie de couple se construira donc sur un équilibre difficile et délicat à trouver autour de la définition et de la mise en pratique de cette double intimité.

Un équilibre difficile sera nécessaire pour reconnaître et se proposer l'un à l'autre cette **double intimité** qu'il s'agira d'apprendre à se donner au quotidien du partage ou des rencontres, sans autre contrepartie.

Il ne suffit pas seulement de savoir si ce que tu vis, fais ou dis est bon pour toi ou pour moi.
Il ne suffit pas seulement de savoir si ce que je vis, fais ou dis est bon pour moi.
Il faudra aussi se demander si c'est bon pour la relation, si cela la nourrit, la construit ou la brutalise et la menace... !
Engageons-nous à prendre soin de notre relation, si elle est importante pour toi, pour moi.

L'espoir amoureux est toujours un peu fragile.
Il reste incertain, ouvert sur tant d'imprévisibles, dans son besoin si dense d'avenir.
L'espoir amoureux, météore de vie lancé vers le futur, se cherche des ports à défaut de rivages.
Quand l'ancrage se fait, se révèle alors l'accueil bienveillant du présent.

> Une relation, pour s'inscrire au futur, doit construire un présent sur un passé clarifié.

1 – Vivre une intimité commune

Que signifie expérimenter et partager l'intimité dans chacun des domaines sensibles où elle aura à se vivre ?

Sur le plan du territoire

Chacun des partenaires dispose-t-il, ou y a-t-il le possible d'un lieu, d'un espace défini, identifié, reconnaissable qui ne soit qu'à lui ? Un lieu, un espace dans lequel autrui n'entrera pas, que les autres proches et non proches n'envahiront pas, qui sera respecté comme un lieu personnel, intime justement !

Que ce soit une pièce, un bureau, un placard, un fauteuil ou un simple tiroir, chaque membre d'un couple devrait se donner les moyens d'accéder à un espace réservé et préservé où il se sentira réellement chez lui.

« Pour ne plus être, comme l'a écrit finement F. Groult, des condamnés de draps communs. »

L'intimité s'apprend surtout dans la bonne distance à gérer par rapport à la présence de tiers : amis, parents, enfants. L'arrivée d'un enfant constitue souvent une forme d'intrusion dans l'intimité du couple. Elle creuse alors parfois les failles d'un processus qui peut évoluer progressivement en crise.

Les enfants ont tendance (et nous les laissons trop souvent faire !) à s'approprier et à envahir l'entièreté de l'espace familial. La collusion est fréquente entre l'espace conjugal et l'espace familial !

Dans de nombreuses familles l'intimité est confondue avec la liberté, la confiance, la transparence ou un code de vie qui s'affirme comme libéral.

« Chez nous on n'a rien à cacher. »

« Les enfants sont habitués, ils nous ont vus nus depuis toujours ! »

« On a supprimé les portes, c'est plus simple… chacun peut circuler librement… »

« C'est pas comme dans une famille où chacun rasait les murs et ne montrait jamais rien ! »

Certains modes d'existence nient parfois les possibles et les besoins d'une intimité personnelle. La transgression de l'intimité ne se traduit pas toujours par des passages à l'acte, mais peut se faire au travers d'une violence endémique, par l'absence de balises et de repères clairs nettement énoncés.

L'intimité s'apprend, par exemple, en fermant justement la porte de la chambre conjugale, des toilettes, de la salle de bains. Pour les soins du corps, pour la rencontre avec soi, pour mille enjeux qui vont du respect de la pudeur au respect de la bonne distance à trouver vis-à-vis de soi-même et vis-à-vis de l'autre, surtout quand il nous est proche.

L'intimité à construire entre lieux communs ouverts à tous, lieux de passage ou de transit et lieux personnalisés sera la base de la bonne distance à préserver.

La bonne distance d'un regard, d'un geste, d'une intention, c'est la pudeur naturelle de la spontanéité.

> L'espérance qui doute est la plus vraie.
> Elle donne une énergie farouche, un élan plus vital pour demain.

Intimité sur le plan des échanges

L'intimité sera aussi à préserver sur le plan des échanges, des témoignages ou des confidences.

« Ce que je te dis de moi appartient à notre relation et je ne souhaite pas que cela soit déposé dans une autre relation. Si je te confie que mon père buvait et que j'ai souffert de son alcoolisme, ce n'est pas pour qu'un jour tu utilises ces propos comme une arme et que tu me jettes à la figure : "Oh toi, tu n'as rien à dire, quand on a un père alcoolique, on ne se permet pas de donner des conseils" ! »

« Si j'ai suffisamment confiance pour partager avec toi l'épisode douloureux de dépression que j'ai traversé à dix-huit ans, suivi d'une hospitalisation en service psychiatrique, ce n'est pas pour m'entendre être traitée de folle ou d'hystérique le jour où tu seras en colère contre moi. »

Chaque fois que je transgresse l'exigence d'intimité d'un échange personnalisé, je prends le risque de blesser non seulement l'autre personne mais également la relation.

« Si tu prends la liberté de parler à un autre, que ce soit dans une confidence à ta meilleure amie ou dans une réaction de colère à mon égard, de certains aspects très personnels propres à notre relation ou à mon histoire, tu t'exposes à en dénaturer la qualité et la valeur. Notre relation portée sur la place publique, livrée aux regards extérieurs, en est maltraitée, violentée.

« Ma vie intime brandie en accusations ou en reproches en sera blessée. »

Il faudra parfois beaucoup de temps et de réassurance mutuelle pour reconquérir cette confiance perdue.

L'intimité dans le partage suppose que je puisse me dire, m'abandonner, me laisser aller sans crainte d'un jugement de valeur, sans risque d'un commentaire désobligeant ou dénigrant sur ma personne.

Comme nous vivons dans un monde où prédomine la communication indirecte, celle où nous parlons plutôt de l'autre que de nous-mêmes, celle où nous impliquons autrui plus que nous, le risque est grand d'un galvaudage de l'intimité.

Quand Johnny Hallyday se confie pudiquement à la *Revue Téléciné* (magazine) au printemps 1995, sait-il qu'il dévoile une partie de son intimité ?

« Je serais incapable de vivre avec un imbécile. Parce que l'amour et la beauté, c'est bien, mais au bout d'un moment, il faut parler... »

Cet aveu, touchant, veut-il nous dire entre les mots qui choisit l'imbécile ? Ou qui est choisi comme... imbécile par un qui ne se voit pas ainsi !

Nous avons chacun d'entre nous un jardin secret, un espace sensible et vulnérable qui s'ouvre à la confiance d'une écoute empathique et chaleureuse, mais qui redoute l'arbitraire et la sécheresse d'un jugement couperet, d'un regard dévalorisant ou chargé de disqualifications.

L'intimité est trop précieuse pour mériter le funeste sort de la trahison.

C'est une des plaintes les plus fréquentes des femmes.

Certains hommes se comportent à l'égard d'une intimité de partages possibles en véritables handicapés, en constipés chroniques.

• « J'ai du mal à me dire si je ne sais pas comment tu vas utiliser ce que je dis. »
• « Je ne prends pas le risque de me dévoiler si je ne te sens pas fiable sur ce point. »
• « Quand j'entends chez le coiffeur les propos de certaines femmes au sujet de leur partenaire, je frémis par anticipation de ce qui pourrait m'arriver... J'ai parfois envie de lui interdire d'aller chez le coiffeur ! »

La seule exception qui justifie de parler de l'autre en dehors de sa présence et sans le préalable de son accord est la relation thérapeutique.

Cette relation contient la garantie du secret : tout ce qui sera ou pourra être dit sur l'intimité de l'un ou de l'autre ne sera pas dévoilé ailleurs.

Hors du cadre de cette relation spécifique entre un thérapeute-accompagnant et son patient, toute confidence peut être utilisée contre l'intéressé, qu'il soit sujet ou objet de la confidence.

Nous avons tous traversé des manquements déloyaux au droit à l'intimité et notre seuil de tolérance est faible face aux possibles trahisons d'un être aimé.

Le questionnement et son abus concernent directement la qualité de l'intimité que nous proposons ou partageons.

Le questionnement qui se veut chez le questionneur comme le témoignage d'un intérêt, d'une attention portée à l'autre peut se vivre par le questionné comme une intrusion. Entre le « où étais-tu ? » et le

« qu'est-ce que tu fais ce soir ? », il y a de multiples possibles.

Il y a place pour beaucoup de questions bien sûr, mais surtout pour proposer un autre mode relationnel fondé sur le témoignage (je me dis à l'autre) et sur l'invitation ouverte (à se dire dans le domaine de son choix).

> Il y a des instants étonnés
> chuchotés
> dans le rire du temps.
> Il y a des chemins secrets
> effleurés
> par des pas attentifs ouverts
> sur des ancrages flamboyants.
> Il y a des rencontres exaltées
> aux arpèges vaporeux.
> Il y a des rêves éblouis
> à prolonger au-delà du ciel
> pour les accueillir dans le partage.
> Il y a des respirations amplifiées
> à l'écoute de tous les possibles.

De même, rendre compte ou se justifier d'avoir fait, pas fait, dit ou n'avoir pas dit est à bannir de tout échange. Car ce faisant nous entretenons le système d'insécurité, de réassurance que l'autre nous propose.

Oui, le rapprochement, la présence, l'abandon que suppose l'intimité doivent se garder de tomber dans l'envahissement, dans l'adhésivité et le contrôle déguisé.

L'intimité du partage se joue aussi dans la façon d'accueillir ou de refuser le besoin de parler et de se dire du partenaire.

Dans un couple, un des conjoints peut être logorrhéique avec une incontinence verbale redoutable pour celui qui la reçoit ou la subit. Entre se déverser et s'exprimer, toutes les nuances d'un échange sont possibles. Parler pour ne rien dire, parler pour éviter de dire l'essentiel ne sont pas de simples figures de rhétorique quand se vit le quotidien.

Parler pour se dire, pour être écouté et entendu suppose une double responsabilité, chez l'émetteur et chez le récepteur.

C'est bien parce qu'il y a une part d'incertitude et de risque du « manque » de l'autre dans la rencontre au niveau des sens que la présence d'une parole est nécessaire.
D'une parole où il y a de l'Autre et qui de temps en temps prenne corps.

Quand Sylvie Galland[1] nous rappelle que la communication personnelle est une ascèse qui suppose, au-delà de l'intentionnalité, rigueur, vigilance et respect, elle nous signifie un des principes de base de la communication intime.

Au-delà de la liberté de la confiance, du plaisir et de l'abandon possible à se dire et à être reçu, il y a la coexistence de deux univers qui peuvent croître l'un par l'autre ou se polluer, voire se détruire. Les sources de l'écologie relationnelle naissent dans l'intimité d'un couple pour s'agrandir aux horizons multiples de l'univers.

L'intimité des échanges, comme l'intimité physique (voir plus loin) seront mises à dure épreuve par ce qu'il serait possible de nommer le terrorisme des attentes.

Attentes de partage et réponses par le regard : l'écoute, la présence et la disponibilité peuvent être en décalage.

La disponibilité et l'écoute sont retenues comme des preuves d'amour et leur absence ou leur défaillance reçues comme des manquements graves à l'amour. Il y a parfois chez l'un des partenaires une exigence, une intolérance qui ne supporte pas le moindre signe d'inattention à une invitation, d'hésitation ou de doute à une attente. L'intimité de l'un risque ainsi d'être violentée par la pression, l'urgence, l'imposition d'une demande. Oser dire « Je ne suis pas au service de tes attentes. Je ne t'ai pas épousé pour satisfaire tes besoins, je ne peux pas toujours entrer dans tes désirs » est un des risques de l'intimité vivante.

1. Sylvie Galland, *Communiquer est une ascèse*, Nouvelles Clefs, mai 1995.

> Dans notre réalité où la cruauté avance toujours grimée ou masquée, la lucidité ne peut d'abord nous apparaître que cruelle.
>
> CHRISTIANE SINGER

> Les vibrations de chaque étreinte amoureuse donnent à la vie le goût d'exister et à chaque parcelle d'existence plus de durée.

L'intimité physique

Elle est liée à l'un de nos besoins les plus archaïques et les plus profonds : celui d'être touché, accueilli et confirmé dans notre corps.

Cette intimité physique s'étaye sur les sensations corporelles inscrites lors des soins et du maternage de la petite enfance.

La relation du nourrisson avec sa mère constitue le prototype originaire des relations d'échange avec l'autre. Ces interactions se sont-elles établies dans la sérénité et la tendresse ou dans l'ambivalence, le paradoxe, l'ambiguïté, l'indisponibilité, le rejet, la culpabilité ? Ont-elles engendré un vécu de satisfaction, de confiance, de plénitude ou au contraire de frustration, d'intrusion, de collusion, de persécution ?

Pour satisfaire mon appétit de proximité, de présence, de tendresse, de rapprochement dans un corps à corps, je dois pouvoir me sentir respecté dans mon attente du moment. Quand je dis respecté, je veux surtout dire que j'ai la liberté nommée d'être entendu.

Mon besoin a surtout besoin d'être confirmé en tant que tel. Il a droit d'existence indépendamment de toute satisfaction. Tout besoin est en quête d'une reconnaissance avant même d'être comblé (dans le meilleur des cas !) par l'entière disponibilité de l'autre. Et comme il ne convient pas de confondre besoin et désir, j'ajouterai que le propre d'un désir est qu'il a besoin d'être entendu, le besoin a besoin, lui, d'être accueilli et reçu même s'il n'est pas directement satisfait.

> Si vous rencontrez un homme qui non seulement vous aime, mais qui vous désire et qui en plus vous fait rire, n'hésitez jamais à l'épouser.
>
> MA GRAND-MÈRE

Certains partenaires éprouvent de la difficulté dans le contact physique.

• « Il n'aime pas que je le touche. »
• « Il déteste être caressé en public. »
• « Elle me dit souvent que les caresses de chien donnent des puces ! »
• « Chaque fois que j'esquisse une caresse, elle imagine que c'est une demande… »

L'approche physique réveille des peurs très anciennes liées à la crainte d'être envahi, dépossédé, lâché ou morcelé.

Certains partenaires ont besoin de temps, de rituels, d'apprivoisement, de jeux et de possibilités de refus pour oser dire oui à l'approche de l'autre.

Il est des refus qui sont de lents acquiescements pour donner à l'intensité du désir toute sa place, toute sa vivance.

« Non » veut souvent dire « pas encore, pas tout de suite ». Avant d'être un refus, c'est d'abord une protection.

Alors il arrive ainsi que le désir ne cesse de s'agrandir et de s'amplifier pour nous combler enfin, attentifs et immenses de plénitude.

Nous devenons alors un jaillissement d'étoiles pour aller l'un vers l'autre. De plaisirs désirants ou désirés et de désirs en plaisir s'ébauchent des rencontres pour la fête des sens.

Quand câlins, tendresse et sexualité dévorante ne se confondent pas dans les étreintes des corps.

Dans le contact peau à peau de la communication sexuelle, des balises infimes demandent à être respectées.

« J'ai aussi besoin de ne pas me sentir envahi, possédé, capté par toi, pour pouvoir me donner. »

« J'ai besoin de mon libre choix pour me donner en entier. »

« Je ne te rassure pas en refusant, mais j'ouvre peut-être plus de possibles à notre rencontre si tu acceptes de ne pas te fermer… »

Combien de femmes se sentent obligées de « payer », et je mets ce mot entre des guillemets pudiques, en sexualité leur besoin de tendresse, de corps à corps, leur aspiration à partager et à offrir un « coconnage » plein de câlins bleus… à un partenaire qui n'est ni dans le donner, ni dans le recevoir mais qui reste trop souvent dans le prendre !

« Il m'arrive parfois de vouloir dormir seul, de rêver éveillé de disposer d'une bulle d'intimité physique inaliénable, incompressible. »

En même temps, l'espace de solitude ainsi né peut sembler insupportable et susciter doutes, questions, suspicions…

« Je mène un combat permanent pour témoigner que je suis seule à disposer de mon corps. Cela lui semble intolérable, incompréhensible, malsain. Il voit là un besoin que je semble vivre contre lui. »

Quand la tendresse de l'attention proche peut trouver son équilibre entre présence et distance, entre attention et intention, entre donner et recevoir, elle irrigue et vitalise tout le tissu relationnel d'une relation de couple.

« Si beaucoup de mes désirs sont tournés vers toi, un certain nombre d'entre eux sont dirigés vers d'autres directions. »

Nous avons tous besoin de cette bonne distance :

— entre abandon et proximité ;
— entre donner et recevoir ;
— entre liberté et confiance.

Quand chacun atteint la maturité d'un positionnement suffisamment distancié pour se reconnaître comme un individu autonome, capable d'être un bon compagnon pour lui avant de l'être pour l'autre, alors le couple peut croître et affronter les hauts et les bas inéluctables, les risques et les étonnements de la durée.

> Je te le promets, notre vie sera glorieuse et magnifique.
>
> Gala à Paul Éluard
> Quelques semaines avant leur mariage

Ah ! ton habileté si lucide à me laisser croire
que c'est moi le fautif et toi la victime.
Ah ! notre ingéniosité si scrupuleuse à nous convaincre que
c'est moi l'incompris,
que c'est toi l'incomprise.
Ah ! la perfection bien rodée de notre système d'accusation mutuelle !

Et cette solitude insupportable, épuisante, désespérante, d'être seul ou seule à avoir un désir.

Intimité commune et intimité personnelle sur le plan du temps partagé

« Ce n'est qu'après quinze ans de mariage que j'ai réalisé au cours d'un week-end que j'avais besoin de disposer de trois heures à moi, sans la présence ou la proximité de l'autre. »

Cet homme ajouta : « Quand je fis cette découverte, je compris l'origine de beaucoup de nos tensions et de la répétition quasi automatique de certains de nos malentendus. Mes besoins de solitude, de lecture, de rêves, de faire en dehors d'elle, lui paraissaient aberrants.

« "On travaille toute la semaine, me disait-elle, on se voit peu et moi j'ai vraiment envie d'être avec toi en permanence pour faire le plein de toi, au maximum, quand nous sommes enfin ensemble."

« Elle ne concevait pas que je puisse ne pas éprouver le désir d'être près d'elle, quand elle en avait tant envie ! »

Le temps commun et le temps partagé s'organiseront à partir des sensibilités et des affinités de chacun. Le vivre en couple se structurera autour de projets à construire au présent avec un agrandissement des possibles, avec une extension et un prolongement des projets vers l'avenir proche ou plus lointain.

Beaucoup de partenaires dans un couple se contentent de définir des projets « en creux » où ils énoncent essentiellement à l'autre ce qu'ils ne vont justement pas faire avec lui !

« Tu sais mardi je suis à ma réunion syndicale, jeudi au basket et samedi matin au tennis... »

> Merci à tous les instants étonnés, chuchotés, découverts dans les rires d'une rencontre.
> Merci à tous les chemins secrets effleurés par les pas attentifs d'une marche commune.
> Merci à toutes les respirations amplifiées à l'écoute des partages.

Peut-être serait-il plus stimulant d'apprendre à construire des projets « en plein » et dire...

« Lundi soir je suis là, mercredi, vendredi, samedi soir et dimanche et voilà ce que j'aurais envie de vivre avec toi ! »

La gestion du temps commun et du temps individuel ou personnalisé sera liée à la capacité de prévoir des projets à court et à moyen terme. Projets de plaisir, de convivialité, projets de réalisations qui inscriront une trace et enfanteront des souvenirs porteurs de racines nourricières, qui ancreront l'arbre de vie de deux existences.

Ce qui nous appelle le plus vers l'autre, avec toute la puissance d'un mouvement irrésistible, c'est la solidité possible, le sentiment que nous sommes plus entiers, plus consistants, plus solides et peut-être éternels ensemble.

Vivre en couple dans la durée et créer le possible d'une harmonie pleine, c'est apprendre à développer au quotidien :

- une intimité commune (reconnue et bonne pour chacun) ;

• une intimité personnelle (respectée par soi et par l'autre).

> Il ne suffit pas d'aimer, encore faut-il que l'autre accueille, accepte et même amplifie notre amour.

2 – Intimité et acceptation des sentiments

L'intimité des sentiments correspond au besoin de reconnaissance, d'abandon, de confiance et de lâcher prise de chacun.

Elle ne peut éclore qu'à l'abri de la sécurité et d'une co-acceptation. Elle ne s'épanouit qu'en favorisant simultanément les tentatives d'affirmation, d'autonomisation et de différenciation de chacun.

Une des caractéristiques de la relation de couple passe par la possibilité de projeter ensemble une création ou une construction commune, que ce soit en termes de concevoir des enfants, d'aménager des lieux de vie ou de réaliser des rêves en commun.

Il ne s'agit pas seulement de survivre ensemble dans une relation frileuse de « béquillage » mutuel ou de réassurances réciproques pour affronter les injustices ou les avatars de la vie, mais bien de construire en commun, de créer quelque chose de visible, de palpable et de laisser une trace.

« Nous avions vécu dans l'illusion que chacun était censé être, implicitement, au service des besoins de l'autre. Je découvre aujourd'hui, nous disait un homme, combien nous pouvons sécréter de violences et de tensions à fonctionner en permanence dans le souci de ne pas faire de la peine, de tenter de garder et d'une certaine façon d'acheter (et je sais combien ce mot peut paraître horrible), oui, d'acheter l'amour et l'affection de l'autre. »

Je crois que cet homme exprime ainsi un des risques que Paule Salomon a présentés dans son livre *La sainte folie du couple*[1]. C'est bien une forme de folie que de s'aliéner dans ses besoins profonds, pour le plaisir ou les peurs de l'autre. De nombreuses relations de couple entretiennent ainsi dans la durée des dynamiques de peur, de privation, d'autofrustration et surtout de victimisation.

« Je n'existe pas pour moi, comment puis-je exister pour l'autre ? »

Oui, vivre en couple dans la durée, ce sera en quelque sorte faire le pari de laisser une trace, **d'inscrire un plus** dans l'existence. Un plus qui n'aurait pas été engendré si deux êtres ne s'étaient pas rencontrés pour créer cette entité constituée d'un « Je » plus un « Je » qu'est le couple éveillé, le couple créatif ! C'est sur cette création quasi permanente que s'alimentent les forces de cohésion du couple. Elles se régénèrent ainsi aux sources du désir et du plaisir renaissants et exercent leur emprise sur l'érosion et l'usure des habitudes et du temps.

> En taillant dans le silence du couple j'entends des cris sortir de sa chair.

1. Paris, Éd. Albin Michel, 1994.

3 – Intimité personnelle et respect de soi

À la notion d'intimité je lie celle de la fidélité à soi-même. Être fidèle à soi-même, c'est accepter de se respecter dans son être profond. Encore faut-il laisser une place à l'existence de cet être profond !

Vivre avec quelqu'un, ce sera aussi ne pas vivre que pour lui.

Ne pas tout faire, obligatoirement, ensemble.

« Je découvre aujourd'hui cette capacité, que je n'avais pas envisagée, de sortir seule. Mon mari qui, pourtant, me le disait souvent, en est le premier surpris. »

La question de la fidélité est centrale dans un couple.

Pour la plupart d'entre nous, la fidélité est entendue comme un engagement pris envers l'autre et envers soi-même de ne pas avoir une relation sexuelle avec un tiers. Dans cet engagement il semble y avoir un implicite, « celui de ne pas tromper » notre partenaire. Par extension, l'engagement de fidélité englobe la croyance que nous veillerons à ne pas éprouver des sentiments amoureux pour un autre homme, une autre femme. C'est là que la difficulté la plus paradoxale commence, car nous touchons au mythe ou aux séquelles de la toute-puissance infantile qui nous laisse croire que nous avons un pouvoir décisionnel sur nos sentiments, celui de considérer avec sincérité ou arrogance que « moi je n'aimerai personne d'autre que toi ! ».

> On ne peut vivre à deux en restant seul.
> On ne peut rester ensemble sans un accord pour un partage reçu et amplifié.

L'engagement de fidélité qui sera consacré par le mariage est la tentative sociale, rationnelle ou religieuse de contrer, de contrôler l'irruption de l'irrationnel.

Il vise à s'opposer au risque de la folie, celui de « perdre la tête » pour un autre et donc d'être en défaut de tenir ses engagements !

La fidélité impossible ou incertaine est ainsi tenue en laisse, aseptisée avec force et conviction, maintenue *a maxima* ou *a minima* avec beaucoup d'arguments, d'exemples, de témoignages et surtout d'intentions.

La tromperie, si elle existe, est surtout à l'encontre de soi-même, quand nous pensons garder maîtrise et pouvoir décisionnel sur nos sentiments. J'en arrive à l'essentiel : le seul choix possible me semble-t-il en cette matière délicate est celui du renoncement : « C'est bien moi et moi seul ou l'autre et lui seul qui sera confronté à la difficile décision de passer à l'acte ou d'y renoncer ! »

> L'intimité, c'est de pouvoir déposer des rêves et des projets de vie dans les possibles de l'autre… avec l'espoir d'en réaliser quelques-uns avec lui ou pour soi.

Il y a aussi l'intimité du rêve

Cette intimité permet d'anticiper le futur et de nourrir le présent avec cette part d'imaginaire qui fera grandir et prolongera l'espace de la rencontre.

L'intimité du rêve me semble être une des sources les plus nécessaires pour irriguer les forces vives et la vitalité d'un couple.

Se proposer des rêves, et en réaliser quelques-uns, entretenir quelques utopies, défendre des causes qui ne resteront pas désespérées, s'engager ensemble, sont les signes mêmes de la complétude dans un partage.

Et quand la réalité peut éblouir un rêve, c'est un beau cadeau que nous nous faisons à nous-mêmes et que nous offrons à l'autre.

Il n'existe pas d'autres lois, entre deux êtres qui s'aiment, que leur désir, leur plaisir et leur volonté actuelle de rester ensemble, soit dans une relation de rencontres à partir de territoires différents, soit dans une relation de continuité et de partage d'un même territoire de vie.
Au-delà de l'engagement fondé sur une intentionnalité, le lien sera surtout consolidé par la capacité de s'allier... avec l'autre.
Un lien entre deux êtres est par essence précaire, fragile, ténu. Il peut être menacé, maltraité, entretenu ou embelli. Il peut être aussi dénoncé... car il arrive aux sentiments d'évoluer sans objet quand l'un ou l'autre des partenaires ne s'investit plus dans un projet de vie à partager.
Un lien doit être entretenu chaque jour, par une interrogation, une remise en question ou une confirmation mutuelle du sentiment et du projet de soi... vers l'autre.

> Le désir en sa mémoire brûlante condense le passé en un futur toujours au présent.

4 – Positiver la fin d'une relation

Comment positiver ce qui peut être vu comme un échec, après une séparation ou une rupture amoureuse ou conjugale ?

Aujourd'hui, de plus en plus de couples se constituent et se construisent à partir… des morceaux d'un couple antérieur.

Chacun des partenaires meurtri ou déçu, échaudé ou enthousiaste tente une nouvelle alliance avec un désir de réussir à la mesure des déceptions ou des découvertes antérieures.

Il n'est pas inintéressant, pour pouvoir s'allier, de se délier non seulement d'un attachement à une personne mais aussi à un système relationnel. Il est indispensable d'être vigilant sur le risque de répétitions ou de leurres dont nous sommes porteurs.

Un divorce, une séparation, une rupture sont, pour la plupart d'entre nous, vécus le plus souvent comme un échec douloureux. Ils inscrivent profondément le doute sur notre valeur, sur notre capacité à être aimé, ils blessent parfois à jamais nos espoirs à s'engager dans une nouvelle relation amoureuse ou conjugale. Et cela non seulement par celui qui se sent l'objet du rejet ou de l'abandon mais aussi, et ceci peut surprendre, par celui qui quitte.

Nous l'avons vu plus haut, ce ne sont pas les sentiments qui maintiennent deux êtres ensemble, c'est la qualité de la relation qu'ils peuvent se proposer l'un à l'autre.

Au-delà de la rencontre fondée sur l'attirance, sur des sentiments reconnus ou sur des choix inconscients, **construire une relation dans la durée s'avère une tâche qui dépasse les possibles de beaucoup**. Car nous sommes trop souvent des infirmes, des handicapés de la relation.

Il faut le dire, il y a parfois un tel terrorisme relationnel, une violence endémique véritable dans certaines relations amoureuses ou de couple, que cela peut entraîner l'un ou l'autre des partenaires à *sauver sa peau*, à renoncer ou à fuir une relation qui le détruit ou le dévore. Et cela au prix d'une crise morale ou religieuse, d'un déchirement face à une éthique personnelle et à des croyances vivaces.

« Quand on est marié, c'est pour la vie… » « Un père de trois enfants doit respecter ses engagements… » « Vous avez pris un engagement devant Dieu, Il vous aidera à le tenir. »

« Je n'en pouvais plus, je devenais folle à supporter tous les jours ses critiques, ses remarques et ses accusations. Rien de ce que je faisais ne paraissait bon pour lui. Je m'accrochais à ma foi, à mes convictions, j'espérais en quelque sorte un miracle. Le moindre signe de non-agression, je le recevais comme un cadeau, comme une caresse, mais tout aussitôt arrivait la douche froide, le rejet, le refus de la vie. Il était temps que je me respecte, à quarante-trois ans… »

« Je ne riais plus, je me sentais vieux et usé, surtout usé. Rien ne s'accordait, désirs, besoins, projets, attentes, tout semblait en décalage, en opposition. J'avais le sentiment que je passais à côté de la vie. Mes objectifs étaient modestes, ce n'était pas le bonheur que je recherchais, c'était de pouvoir me regarder le matin sans désespoir… »

C'est paradoxalement au moment de la séparation qu'il convient surtout de sortir d'un On ou d'un Nous trop réductif, trop aliénant, qui d'un seul coup reprend beaucoup de place entre deux êtres qui envisagent de se quitter !

Si la décision est prise, s'il n'existe pas l'espoir d'un accord possible[1], il appartiendra à celui qui est demandeur d'une séparation et qui se mobilise à cet effet de se définir clairement, de ne pas laisser l'autre parler sur lui, d'utiliser la confirmation face aux tentatives de culpabilisation, d'agression morale, de disqualification… de l'autre.

Les séparations, les pertes, les abandons, s'ils ne s'inscrivent pas dans le ressentiment, la rancœur ou l'accusation contre l'autre ou dans la dévalorisation de soi, peuvent être un stimulant pour une véritable naissance ou renaissance. Ils peuvent permettre à un homme, à une femme d'accéder à un nouveau mode de vie, à une autre façon d'être homme, d'être femme. De se retrouver entier après les crises, après les conflits qui accompagnent tout mouvement de rupture. De renouer avec le meilleur de soi, même s'il a été maltraité ou non respecté, de réhabiliter des ressources et une plus grande capacité à être mieux avec soi-même.

1. Le plus difficile, c'est quand cet espoir existe toujours au plus profond de l'un des partenaires. L'espoir qu'il suffisait de peu, d'un effort, d'une prise de conscience pour… que tout puisse reprendre ou aller mieux !

Une relation de couple est capable de durer mais il faut un peu d'arithmétique pour ce faire.
Il faut déjà être deux et pour être deux, il faut avant tout avoir été au moins un entier.

> On n'aime pas ce qu'on veut, mais ce qu'on désire, mais ce qu'on aime et qu'on ne choisit pas.
>
> ANDRÉ COMTE-SPONVILLE

Il y a aussi, il faut le savoir, des amours pépinières, comme il y a des relations relais, qui dans une séquence de vie donnée, nous construisent, nous structurent et nous permettent de découvrir un autre positionnement de vie, une autre façon d'être au monde. Bien sûr, c'est toujours douloureux et parfois humiliant pour la pépinière féminine ou masculine !

Toute séparation contient le risque d'une blessure narcissique qui abîme ou meurtrit l'image que l'on a de soi.

Mais nous pouvons aussi comprendre que l'autre nous quitte le plus souvent… pour lui.

Celui qui achève une relation le fait en fonction de ce qu'il est, de ce qu'il est devenu, même s'il se donne l'alibi que « c'est à cause de l'autre » !

Nous pouvons ne plus nous approprier la toute-puissance (d'origine infantile) d'imaginer que tous les comportements, les sentiments ou les décisions d'un être, même proche… ne dépendent que de nous !

Ce qui permet de positiver, de transformer ce qui apparaît dans un premier temps comme un échec, c'est la capacité que nous avons ou pas de « prendre soin » de deux éléments, l'un affectif, l'autre relationnel, qui nous relient à la personne qui part.

Les sentiments vivaces, parfois profonds que nous avons encore pour celui qui nous quitte… ou que nous quittons.

Si vous faites des projets

Si vous faites des projets
pour un instant,
vivez l'intense
du présent.

Si vous faites des projets
pour un jour,
aimez-vous
à plein temps.

Si vous faites des projets
pour une année,
semez du blé
et laissez-le germer.

Si vous faites des projets
pour cent ans,
dédiez-vous à la formation
de l'être humain.

Si vous faites des projets
pour plusieurs vies,
consacrez-vous à l'amour
exclusivement.

Et si vous envisagez des projets
pour l'éternité,
inventez la vie
à chaque instant.

(Tiré de *Apprivoiser la tendresse*, Éd. Jouvence, 1988.)

> Quand je ne peux pas m'ajuster sur tes désirs, tu peux éventuellement t'ajuster sur mes possibles.

La relation dans ce qu'elle a eu de bon, de stimulant et de vivant… avant qu'elle ne se détériore. Oui, le lien même blessé garde ses racines et ses réserves en nous.

Nous proposons souvent[1] des symbolisations, c'est-à-dire des représentations pour visualiser ce que nous éprouvons (en termes de sentiments), ce que nous percevons comme ancrage relationnel, pour mieux nous relier au présent. Par exemple, telle femme, abandonnée par son mari, mais éprouvant toujours des sentiments amoureux très forts pour lui, a symbolisé cet amour par un arbuste, dont elle a pris soin durant près de vingt-six mois.

« Un jour je me suis réveillée et j'ai vu que mon arbuste était mort, complètement desséché. J'ai compris que l'amour que j'avais eu pour cet homme était mort de sa belle mort. C'était comme si j'étais soudain libérée… »

Tel homme, quitté par son épouse après quinze ans de mariage, avait symbolisé la relation qui lui avait paru bonne pendant au moins les dix premières années de cette union : il avait mis une belle écharpe en soie dans un coffre et lui donnait de temps en temps de l'attention, du bon.

« Je prenais soin d'elle, de ma relation blessée.

1. En particulier dans un séminaire de formation sur « Deuil, ruptures, abandons et séparations structurantes… »

« Je l'emmenais au cinéma, à l'opéra, je lui faisais écouter du Mozart... Oui, je sais, cela peut faire sourire.

« Cette relation, durant dix ans, m'avait beaucoup apporté et même si elle était terminée, je ne voulais pas l'abîmer par des reproches, par des accusations sur celle qui m'avait abandonné. Et même si cette démarche peut sembler puérile, elle a été d'une grande aide pour moi. Je me suis respecté en la faisant. »

Il faut savoir en effet que nous sommes d'une habileté incroyable pour maltraiter, dévaloriser des sentiments qui nous habitent même quand ils ne correspondent plus à ceux de l'autre !

Nous sommes parfois très créatifs pour disqualifier une relation, qui pourtant a été formidable, quand l'autre ne répond plus à nos attentes, à notre désir ou à notre volonté de poursuivre le chemin avec... lui. C'est l'origine de beaucoup de cancers, liés non pas à un manque d'amour, mais au fait que nous avons saccagé violemment, réactionnellement un sentiment fort... en nous : notre propre sentiment amoureux !

Transformer ce qui apparaît de prime abord un échec, en expérience de vie, faire évoluer une violence reçue et une souffrance réveillée en un réajustement de notre existence et cela quel que soit notre âge, est un signe de santé et de tendresse à l'égard de soi-même.

Ce faisant, le terrain est quelquefois suffisamment débroussaillé, labouré et ensemencé pour accueillir les possibles d'une nouvelle rencontre, pour tenter l'aventure d'un couple, non plus à rêver mais à construire à deux.

> L'amour défie les lois de la diététique, et se nourrit de tout et un rien le nourrit.
>
> DANIEL PENNAC

5 – Principes *minima* de communication active

Pour en finir avec le refuge dans les « c'est trop difficile », « c'est trop compliqué », « c'est facile en théorie, mais dans la pratique ! » ou les « je n'y arriverai jamais… »

Pour commencer juste avec le minimum, qui permet d'apprendre à communiquer de façon active. Pour jeter les bases d'une communication participative, pour une mise en commun dans la réciprocité…

Voici quelques règles élémentaires, à la portée de chacun.

Utiliser dans chaque tentative d'échange, au maximum, le *Je*.

Non pas le Je narcissique, envahissant, voire égocentrique, mais le Je de positionnement, de référence ou d'affirmation. Un Je qui dise « c'est bien de moi dont je parle ! »

Ne pas parler sur l'autre mais parler à l'autre.

« Je me dis à partir de ce que j'éprouve, de ce que je ressens, de ce que je pense ou envisage de faire. »

« Je prends ainsi l'entière responsabilité de ce que je dis et fais. Je m'implique directement face à l'autre et j'évite toute généralisation hâtive. Je découvre ainsi le respect de toute parole. Qu'elle émane de l'autre ou de moi, celle-ci témoigne toujours de ce que je suis à ce moment-là. »

Ma parole le révèle ou me révèle. « Vous prenez une part de la responsabilité de mon écoute en me parlant de vous. »

> L'amour d'un être humain pour un autre, c'est peut-être l'épreuve la plus difficile pour chacun de nous, c'est le plus haut témoignage de nous-mêmes, l'œuvre suprême dont toutes les autres ne sont que les préparations.
>
> RAINER MARIA RILKE

Éviter d'utiliser des jugements de valeur, la disqualification ou l'accusation sur l'autre… et sur soi. Je n'englobe pas la personne dans ma perception limitée du moment ou en fonction de mes zones de tolérance, de mes croyances ou de ma sensibilité personnelle de l'instant.

Je ne me définis pas par rapport à ce que j'aime ou n'aime pas, ni par rapport à ce que je crois différent ou semblable. Je me définis par rapport à ce que je suis.

En invitant l'autre à exprimer son ressenti à lui et en tentant de témoigner du mien (seulement le mien), cela me permet d'accéder à la partie la plus aveugle, la plus intime et cependant la plus unique de la communication : le vécu personnel.

Me respecter en maintenant ces attitudes de base, quel que soit le positionnement de l'autre. Chacun devient ainsi responsable de ce qu'il dit, entend et fait ou de ce qu'il ne dit pas, n'entend pas ou ne fait pas.

Il s'agit là en fait de quelques règles d'amour universel.

J'appelle amour universel celui qui circule et flotte à l'état de potentialité dans toute rencontre, par le seul fait d'être en présence d'un être humain. Car chacun d'entre nous en est porteur dès sa naissance !

C'est l'immense cadeau de la vie de nous offrir une parcelle de cet amour et d'être ainsi relié par cet intermédiaire au divin qui est en nous, à l'amour universel issu de l'univers. Je peux donc le proposer à chacun, et le recevoir de chacun au-delà ou en plus de l'amour privilégié que je peux éprouver pour telle ou telle personne, que je peux recevoir de telle ou telle personne.

Quand deux personnes qui s'aiment s'arrangent pour se faire du mal,
elles ne peuvent oublier la nécessité vitale de rester ensemble.
L'auto-souffrance entretenue est un ciment quasi inaltérable.

Quand une relation s'inscrit dans le vivant de la vie, elle donne à l'existence un goût d'éternité.

Je ne peux pas renoncer,
je ne peux pas renier,
je ne peux pas imposer
ce que je deviens.
Ainsi, il s'agit bien
de deux libertés
qui vont prendre l'engagement
de se découvrir,
de se confronter,
de se respecter,
de s'amplifier peut-être.

Conclusion ouverte

Même si l'aventure du couple semble aujourd'hui menacée, elle reste une ouverture fabuleuse, étonnante et parfois détonnante !

J'invite tous ceux qui s'engagent dans cette aventure à s'en donner les moyens, à sortir du double piège le plus fréquemment rencontré, soit :

• **l'accusation de l'autre.**

« C'est ta faute, tu as toujours raison, tu parles jamais, on peut **rien te dire, t'es jamais là. »**

• celui de **l'auto-accusation.**

« Moi, je ne vois jamais personne, je ne suis pas intéressante, j'ai pas eu de parents qui m'aimaient, j'ai jamais eu de chance, j'ai pas fait d'études… ! »

Ni accusation ni auto-accusation ou disqualification, **mais responsabilisation de chaque instant.**

Si je ne me laisse pas définir par les désirs et les peurs de l'autre, si je ne tente pas de le définir en fonction de mes propres désirs ou de mes propres peurs, je peux espérer entretenir une relation vivante et durable avec un être aimé ou une personne aimante.

Il y a des possibles

Il est possible de commencer
à se tenir debout sans vaciller,
sans fléchir sous la peur.

Il est possible de commencer
à marcher, sans tituber,
de choisir un chemin à soi,
de se frayer un passage
au travers des obstacles et des doutes.

Il est possible de commencer
à parler, avec hésitation peut-être,
mais avec des mots à soi.
Il est possible d'oser.

Il est possible de dire
son ressenti, ses émotions,
ses positionnements.
Il est possible de prendre
le risque de s'égarer, d'avoir mal.

Il est possible de prendre le risque
de n'être pas toujours compris
ou entendu.
Il est possible d'apprivoiser
plus de solitude pour une rencontre
avec le meilleur de soi.

Il est possible de commencer
à sortir des besoins et des manques de l'autre sur soi,
pour vivre des relations de plaisir où le désir peut jouer

en toute liberté dans l'espace qui nous habite,
dans celui nécessaire à toute rencontre.

Il est possible de vivre
des commencements et des naissances
sans se faire de mal,
sans entrer dans les blessures d'autrui.

Il est possible de commencer
à naître plus proche à nouveau, avec soi-même.
De se reconnaître dans le rêve, dans la tendresse,
dans le partage des mots.

Quand l'impossible
par l'écoute
et le regard de l'autre
se transforme en possible.
Merveille !

Aimer c'est aussi tenter de concilier
deux grands amours inséparables.
Être amoureux de sa propre liberté
et devenir amoureux de la liberté de l'autre.

Vivre le couple dans la durée, dans une relation de créativité, ce sera avant tout prendre le risque de me positionner le plus clairement possible dans mes attentes, mes apports et mes zones d'intolérance ou de vulnérabilité.

Ce sera proposer à l'autre de se définir, de s'affirmer aussi dans ses demandes, dans ses attentes et dans ses zones d'intolérance ou de vulnérabilité.

Ce sera encore accepter de découvrir avec émerveillement ou avec malaise le possible ou l'impossible d'une relation vivante toujours à construire, à entretenir et à développer avec celui qui m'a choisi, que j'ai choisi.

Toute relation contient une part d'aléatoire, d'imprévisible, une part d'inconnu liée aux évolutions, aux révélations et aux rencontres qui parsèment toute existence.

C'est le risque inhérent à toute forme de vie.

Un risque d'autant plus réduit qu'il sera pris en compte par un regard lucide porté sur la réalité et par le recours à des repères et à un traitement préventif des maladies de l'amour et du désamour.

La communication participe à cette prévention.

Prolongement à une déclaration des droits à l'amour de l'homme et de la femme

* T'aimer sans te soumettre
* T'apprivoiser sans t'enfermer
* Te connaître sans te figer
* Te trouver sans me cacher
* Te rejoindre sans te menacer
* T'accueillir sans te retenir
* Te demander sans t'obliger
* Te donner sans me vider
* Te refuser sans te blesser
* Te quitter sans t'oublier
* Te remplir sans te combler
* T'être fidèle sans me tromper
* Te sourire et m'attendrir
* Te découvrir et m'étonner
* M'émerveiller et m'abandonner
à la fluidité de l'élan,
à l'unisson du partage,
au bonheur de rêver l'avenir

* Et rester ainsi vivant et libre,
ouvert, agrandi
aux possibles de nos rencontres.
* Être ainsi réconcilié,
unifié, prolongé,
aux enthousiasmes
de notre vie commune.

Table des matières

COLLECTION

ÉVOLUTION

Parce que adopter une démarche personnelle ou devoir surmonter un problème ponctuel ne sont pas des questions anodines, la collection « Évolution » propose des livres pour vous faciliter la vie.
Vous trouverez présentés dans les pages qui suivent des ouvrages écrits par les plus grands spécialistes qui vous aideront à répondre aux questions que vous vous posez.

Pour en savoir plus : www.pocket.fr

Bien-être & développement personnel

Heureux qui communique ▶
Jacques SALOMÉ
Pocket n° 12510

Disputes, dialogues de sourds, incommunicabilité : en livrant les secrets d'une bonne « hygiène relationnelle » et de sa mise en pratique, Jacques Salomé se lance à l'assaut de ces maux quotidiens qui empêchent d'entendre et de mieux se comprendre.

◀ T'es toi quand tu parles
Jacques SALOMÉ
Pocket n° 12509

Qui n'a jamais ressenti la difficulté de se dire et d'être entendu ? Or, il est possible de constituer une « grammaire relationnelle » entre adultes et enfants, de créer les conditions d'écoute adéquate pour établir des relations saines envers autrui et répondre à nos besoins relationnels les plus vitaux.

Dis, papa, l'amour c'est quoi ? ▶
Jacques SALOMÉ
Pocket n° 11901

« Dis papa, est-ce qu'on peut aimer deux personnes en même temps ? Comment on fait pour que l'amour ne meure pas ? Où se trouve la source de l'amour ? » Autant de sujets sensibles que Jacques Salomé évoque en apportant des éléments de réponse à ses enfants – et aux autres – sans préjugé ni gêne.

Pour en savoir plus : www.pocket.fr

Composé par Nord Compo Multimédia
7, rue de Fives, 59650 Villeneuve-d'Ascq

Impression réalisée par

CPI
Brodard & Taupin

51260 – La Flèche (Sarthe), le 04-02-2009
Dépôt légal : février 2009

POCKET – 12, avenue d'Italie - 75627 Paris cedex 13

Imprimé en France